ACCESO GRATIS a la Lectura en la Nube

Para visualizar el libro electrónico en la nube de lectura envíe junto a su nombre y apellidos una fotografía del código de barras situado en la contraportada del libro y otra del ticket de compra a la dirección:

ebooktirant@tirant.com

En un máximo de 72 horas laborales le enviaremos el código de acceso con sus instrucciones.

"REGLAS DE DIVULGACIÓN OBLIGATORIA" EN MÉXICO, SU IMPLEMENTACIÓN DE ACUERDO CON LAS RECOMENDACIONES EFECTUADAS POR LA OCDE, A TRAVÉS DEL PLAN DE ACCIÓN DE BEPS

Procedimiento de selección de originales, ver página web:
www.tirant.net/index.php/editorial/procedimiento-de-seleccion-de-originales

“REGLAS DE DIVULGACIÓN OBLIGATORIA” EN MÉXICO, SU IMPLEMENTACIÓN DE ACUERDO CON LAS RECOMENDACIONES EFECTUADAS POR LA OCDE, A TRAVÉS DEL PLAN DE ACCIÓN DE BEPS

Gerardo Alexis Farías López

tirant lo blanch
Ciudad de México, 2024

© EDITA: TIRANT LO BLANCH
DISTRIBUYE: TIRANT LO BLANCH MÉXICO
Av. Tamaulipas 150, Oficina 502
Hipódromo, Cuauhtémoc
CP 06100, Ciudad de México
Telf: +52 1 55 65502317
infomex@tirant.com
www.tirant.com/mex/
www.tirant.es
ISBN: 978-84-1056-048-2
MAQUETA: Disset Ediciones

Si tiene alguna queja o sugerencia, envíenos un mail a: *atencioncliente@tirant.com*. En caso de no ser atendida su sugerencia, por favor, lea en *www.tirant.net/index.php/empresa/politicas-de-empresa* nuestro procedimiento de quejas.

Responsabilidad Social Corporativa: http://www.tirant.net/Docs/RSCTirant.pdf

Índice

Introducción

La erosión de la base imponible constituye un grave riesgo para los ingresos tributarios, la soberanía fiscal y la equidad tributaria, de todos los Estados[1]. Una de las fuentes significativas de la erosión de la base imponible, es el traslado de beneficios al exterior, a efecto de buscar jurisdicciones preferenciales que no graven el beneficio en cuestión y se logre diferir el pago del tributo correspondiente.

En relación con dicha problemática, pese a que existe un claro componente de "cumplimiento tributario" –el cual se identifica con la estructura de incentivos de cumplimiento que prevé cada Estado-, la estructura normativa sobre la cual recae el diseño impositivo resulta aún más fundamental[2], toda vez que dicha estructura es la que permite a los contribuyentes diseñar estrategias fiscales para erosionar la base imponible y, en algunos casos, trasladar los beneficios obtenidos a jurisdicciones con menores o nulas cargas fiscales.

A efecto de implementar una medida coordinada para reforzar la legislación tributaria en dicha materia, el 19 de julio de 2013, la Organización para la Cooperación y el Desarrollo Económicos (en adelante "OCDE") publicó el documento denominado "*Plan de acción contra la erosión de la base imponible y el traslado de beneficios*" ("BEPS", por sus siglas en inglés[3]), cuyo objetivo principal es definir el plan de acción internacional, con objeto de combatir, conjuntamente, el problema de la erosión de la base imponible y el traslado de beneficios.

---

1 OCDE (2013), *Lucha contra la erosión de la base imponible y el traslado de beneficios,* Éditions OCDE.
http://dx.doi.org/10.1787/9789264201224-es, p. 7.

2 *Idem.*

3 *Base Erosion and Profit Shifting.*

BEPS contempla un listado de 15 acciones a ser implementadas (en adelante "Plan de Acción") por los Estados miembros de la OCDE[4], mismas que demandan cambios fundamentales en los mecanismos de fiscalización actuales y la adopción de nuevos enfoques basados en el consenso, incluyendo disposiciones normativas anti-abuso, para evitar y contrarrestar la erosión de la base imponible y el traslado de beneficios[5].

Es importante señalar que algunas de las recomendaciones efectuadas por la OCDE, a través del Plan de Acción de BEPS, constituyen mecanismos novedosos de fiscalización que resultaban ajenos a la legislación tributaria de México. Un ejemplo que resulta digno de destacar es la Acción 12 de BEPS[6], a través de la cual se recomienda a las autoridades fiscales que exijan a los contribuyentes revelar sus mecanismos de planificación fiscal agresiva.

Este tipo de declaraciones informativas son comúnmente conocidas en el ámbito internacional como "*mandatory disclosure rules*" ("reglas de divulgación obligatoria" en idioma español), y resulta relevante destacar que, con anterioridad a la Reforma Fiscal para 2014, nuestra legislación no contemplaba obligación alguna de informar mecanismos de planificación fiscal agresiva, por lo que la inclusión de este tipo de reglas representa una innovación en la estructura tributaria de nuestro país.

Antes de comenzar con el análisis de cómo fue implementada la primer "regla de divulgación obligatoria" en nuestra legislación, resulta relevante señalar brevemente los antecedentes del Plan de Acción de BEPS, a efecto de entender el contexto que dio origen a una recomendación de esta naturaleza.

---

4 El 18 de mayo de 1994, México se convirtió en el miembro número 25 de la OCDE.

5 OCDE (2013), *Plan de acción contra la base imponible y el traslado de beneficios,* OECD Publishing.
http://dx.doi.org/10.1787/9789264207813, pp. 7-8.

6 La Acción 12 de BEPS se resume como la obligación de *"Exigir a los contribuyentes que revelen sus mecanismos de planificación fiscal agresiva"*.

En la declaración final de la reunión del Grupo de los 20 países industrializados emergentes ("*The Group of the Twenty*", G-20)[7], celebrada en el Municipio de los Cabos, Baja California Sur, México, los días 18 y 19 de junio de 2012, los Ministros de Finanzas y Gobernadores de los Bancos Centrales de dicho grupo, hicieron referencia explícita a la "*necesidad de evitar la erosión de la base imponible y el traslado de beneficios*"[8], encomendando a la OCDE la tarea de realizar un estudio relativo al problema de la erosión de la base imponible y el traslado de beneficios, a efecto de implementar medidas coordinadas para combatir dicha problemática.

En atención al citado exhorto, con fecha 12 de febrero de 2013, la OCDE emitió el reporte denominado "*Lucha contra la erosión de la base imponible y el traslado de beneficios*", a través del cual se efectúa una descripción general de los principios fundamentales de la imposición de las actividades transfronterizas, así como de las posibilidades de erosión de la base imponible y traslado de beneficios[9].

En términos generales, la problemática referida en el citado reporte se centra en la planificación fiscal "agresiva" que efectúan los contribuyentes, y no en la violación o incumplimiento de las disposiciones fiscales de carácter internacional; es decir, de conformidad con dicho reporte, la erosión de la base imponible se ocasiona debido a que el marco jurídico aplicable permite a los

---

7 El G-20 es un grupo de cooperación financiera internacional conformado por 19 países más la Unión Europea, que reúne a las economías avanzadas y emergentes más importantes del mundo. El citado grupo fue establecido formalmente el 26 de septiembre de 1999 y México fue uno de los 18 miembros iniciales.

8 OCDE (2013), *Lucha contra la erosión de la base imponible y el traslado de beneficios,* Éditions OCDE.
http://dx.doi.org/10.1787/9789264201223-es, pp. 13-14.

9 OCDE (2013), *Lucha contra la erosión de la base imponible y el traslado de beneficios,* Éditions OCDE.
http://dx.doi.org/10.1787/9789264201223-es

contribuyentes diseñar esquemas para eludir la carga tributaria correspondiente.

De esta forma, el Plan de Acción BEPS busca reforzar la normatividad fiscal de carácter local e internacional de los Estados, a efecto de evitar que los contribuyentes implementen esquemas de elusión fiscal[10].

No obstante que la implementación del Plan de Acción de BEPS debe ser rápido, la OCDE precisa expresamente que los gobiernos necesitan tiempo para completar el trabajo técnico necesario y alcanzar consensos amplios, por lo que se recomienda que las citadas acciones sean implementadas en el momento oportuno, con objeto de evitar un deterioro del marco existente basado en el consenso.

En este sentido, de conformidad con BEPS, se espera que el Plan de Acción se haya completado en gran parte en un periodo de dos años (a más tardar en diciembre de 2015)[11], reconociendo que, en el caso de algunas acciones, se podría requerir un trabajo a más largo plazo.

Ahora bien, con fecha 8 de septiembre de 2013, fue publicada en la Gaceta Parlamentaria de la Cámara de Diputados la Iniciativa de la nueva Ley del Impuesto sobre la Renta (en adelante "Ley del ISR").

En la Exposición de Motivos de la Ley del ISR se reconoce explícitamente que el nuevo cuerpo normativo atiende a las recomendaciones emitidas por la OCDE a través de BEPS, cuyo Plan de Acción se publicó dos meses antes de la Iniciativa en comento y cuyas acciones deben, en primera instancia, ser analizadas, discutidas y coordinadas entre los países miembros e invitados por la

---

10 El concepto de elusión fiscal es analizado con mayor detalle en el primer capítulo de la presente obra.

11 De conformidad con el resumen cronológico del Plan de acción BEPS, el último resultado se espera concretarse en el mes de diciembre de 2015.

OCDE, organizaciones empresariales y la sociedad civil, situación que ocurrió 3 meses después de la entrada en vigor de la Ley del ISR.

Es decir, el Plan de Acción de BEPS tiene un calendario puntual que identifica, por cada una de las acciones contempladas, el resultado que se espera obtener, así como la fecha límite para lograrlo. Lo anterior, en la práctica, se logra mediante la divulgación de un "borrador público de discusión" que contiene las recomendaciones preliminares de cada una de las acciones de BEPS, en el cual, se otorga un plazo para que las partes interesadas se encuentren en posibilidad de emitir los comentarios que consideren convenientes. Una vez concluido el referido plazo, los comentarios son analizados por la OCDE a efecto de emitir un reporte final de recomendaciones de cada una de las acciones previstas en BEPS.

Al respecto, el primer "borrador público de discusión" corresponde a la Acción 1 ("*Abordar los retos de la economía digital*") y fue publicado con fecha 24 de marzo de 2014; es decir, el primer borrador sometido a discusión se publicó tres meses después de la entrada en vigor de la Ley del ISR, cuya Exposición de Motivos reconoce expresamente que el contenido sustantivo del citado ordenamiento atiende al Plan de Acción de BEPS.

En el apartado de "prohibición de deducciones" de la referida Exposición de Motivos, se hace un señalamiento expreso a BEPS, reconociéndolo como un proyecto que surge con el objetivo de evitar que empresas multinacionales desplacen artificialmente utilidades.

Adicionalmente, se señala que el Plan de Acción de BEPS prevé diversas recomendaciones, entre las que se encuentra, negar la deducción de pagos que no sean acumulables para el receptor, así como negar la deducción de pagos que también sean deducidos por sus partes relacionadas.

Siguiendo estas recomendaciones, y con el fin de eliminar la posibilidad de llevar a cabo actividades de elusión fiscal, en la

Exposición de Motivos se propuso prohibir la deducción de pagos efectuados a partes relacionadas residentes en México o en el extranjero que no se encuentren gravados o lo estén con un impuesto inferior al 75% del impuesto sobre la renta (en adelante "ISR") causado en México de conformidad con la nueva Ley del ISR. Asimismo, se propuso prohibir la deducción de pagos que también sean deducibles para partes relacionadas residentes en México o en el extranjero.

Resulta importante enfatizar que los puntos señalados anteriormente, son la única referencia expresa de implementación del Plan de Acción de BEPS en la Exposición de Motivos de la nueva Ley del ISR[12].

No obstante, si se analizan a detalle las reformas, adiciones y derogaciones efectuadas al sistema tributario en México, como consecuencia de la Reforma Hacendaria para 2014, se puede concluir que existen indicios claros de que el legislador buscó implementar prematuramente diversas acciones contempladas por BEPS.

Un caso particular, es la implementación de la Acción 12 de BEPS mediante la adición del artículo 31-A al Código Fiscal de la Federación (en adelante "CFF").

El artículo 31-A del CFF incluye una nueva obligación a cargo de los contribuyentes de presentar información relativa a ciertas operaciones relevantes (en adelante "Operaciones Relevantes") mismas que se encuentran detalladas en la forma oficial que al efecto aprueben las autoridades fiscales, cuyo incumplimiento,

---

12 Es importante señalar que en la Exposición de Motivos de la Iniciativa de reforma al Código Fiscal de la Federación para 2016, publicada en la Gaceta Parlamentaria de la Cámara de Diputados el 8 de septiembre de 2015, se propone adicionar la obligación de presentar declaraciones informativas en materia de precios de transferencia, a efecto de atender las recomendaciones de BEPS; sin embargo, el presente análisis se basa en lo prematuro que se buscó implementar acciones de BEPS en la Reforma Hacendaria para 2014.

entre otras implicaciones, impide a los contribuyentes aplicar los estímulos fiscales previstos en la Ley del ISR u otros ordenamientos legales, así como contratar con la Administración Pública Federal.

Resulta importante destacar que, con anterioridad a la adición del artículo 31-A del CFF, nuestra legislación no contemplaba obligación alguna de informar mecanismos de planificación fiscal agresiva.

En este estudio se demostrará que si bien uno de los desafíos que enfrentan las autoridades fiscales en México, consiste en la falta de información relevante e integral de posibles estrategias fiscales agresivas, resulta una decisión errada del Gobierno Federal incluir anticipadamente una "regla de divulgación obligatoria" en el CFF, sin atender a las recomendaciones finales acordadas entre los países miembros de la OCDE y las demás partes involucradas.

Esto es, las autoridades fiscales de nuestro país decidieron incorporar una "regla de divulgación obligatoria" a través de la adición del artículo 31-A del CFF, sin considerar las recomendaciones convenidas en el ámbito internacional.

Esta situación puede derivarse en el incumplimiento de los principios básicos que deben regir a este tipo de normas, de acuerdo con las recomendaciones finales publicadas por la OCDE a través de la Acción 12 de BEPS[13], mismos que se señalan a continuación:

i. Las "reglas de divulgación obligatoria" deben ser claras y fáciles de entender;

---

13 OECD (2015), *Mandatory Disclosure Rules*, Action 12 – 2015 Final Report, OECD/G20 Base Erosion and Profit Shifting Project, PEXD Publishing, Paris.
http://dx.doi.org/10.1787/9789264241442-en, p. 9.

ii. Los costos de cumplimiento que enfrentará el contribuyente deben ser proporcionales al beneficio obtenido por las autoridades fiscales;

iii. Este tipo de normas deben ser efectivas para conseguir la política pública deseada e identificar con exactitud los esquemas de planeación fiscal agresiva; y,

iv. La información obtenida a través de "reglas de divulgación obligatoria" deberá ser utilizada eficazmente por las autoridades correspondientes.

Bajo una perspectiva contable y financiera, la inclusión del artículo 31-A del CFF debe lograr eficientar los costos de recaudación en México, mediante: a) la obtención oportuna de información relativa a esquemas de elusión; b) la identificación de los usuarios y asesores de este tipo de esquemas; y, c) el efecto disuasivo para reducir la promoción y uso de mecanismos de elusión fiscal.

Los objetivos señalados anteriormente se pretenden lograr a través de la implementación de las recomendaciones previstas en la Acción 12 de BEPS, mismas que se incluyen en las "Opciones para un Modelo de Regla de Divulgación Obligatoria" ("*Options for a Model Mandatory Disclosure Rule*", en idioma inglés), cuyo contenido no fue considerado por nuestras autoridades fiscales para el diseño de la nueva obligación informativa prevista en el artículo 31-A del CFF.

Desde un punto de vista jurídico, la inclusión de una "regla de divulgación obligatoria" debe ser lo suficientemente clara para que los contribuyentes tengan certeza jurídica de las consecuencias que se derivarán por el cumplimiento o incumplimiento de la obligación en estudio, y asegurar que dichas consecuencias no violen los derechos humanos tutelados por la Constitución Política de los Estados Unidos Mexicanos (en adelante "CPEUM") y por los tratados internacionales de los que México sea parte; particularmente, resulta de suma importancia asegurar que la información que reciban las autoridades fiscales no será utilizada de tal forma que se vulnere el derecho humano a la no autoincriminación.

Considerando el panorama anterior, surgen las siguientes preguntas:

¿La obligación de reportar las Operaciones Relevantes prevista por el artículo 31-A del CFF cumple con los principios y objetivos planteados por la OCDE a través de la Acción 12 de BEPS?

¿La "regla de divulgación obligatoria" prevista en el artículo 31-A del CFF puede resultar violatoria del derecho humano a la no autoincriminación protegido por la CPEUM y por los tratados internacionales de los que México sea parte?

Las hipótesis que se plantean a efecto de resolver las preguntas antes mencionadas, mismas que se pretenden verificar durante el desarrollo de la presente obra, se resumen a continuación.

La "regla de divulgación obligatoria" consistente en informar las Operaciones Relevantes prevista por el artículo 31-A del CFF, no cumple con los principios y objetivos acordados internacionalmente a través del reporte final de la Acción 12 de BEPS, por lo que las autoridades fiscales no lograrán eficientar los costos de recaudación en México a través de dicha medida.

La obligación de divulgar Operaciones Relevantes contemplada en el artículo 31-A del CFF puede resultar violatoria del derecho humano a la no autoincriminación, ya que los contribuyentes son obligados a proporcionar información y documentación al Servicio de Administración Tributaria (en adelante "SAT") que habrá de sustentar, *a posteriori*, la aplicación de sanciones de carácter penal.

La presente obra contiene cuatro capítulos. En el primer capítulo, se analizará el marco teórico de los objetivos y principios referidos en reporte final de la Acción 12 de BEPS, así como las diferencias que guardan las "reglas de divulgación obligatoria" respecto de otros esquemas de divulgación de información. En el segundo capítulo, se analizará detalladamente el artículo 31-A del

CFF, y demás disposiciones fiscales relacionadas, clasificando su contenido de acuerdo con los elementos estructurales planteados por la OCDE. En el tercer capítulo, se analizará si la "regla de divulgación obligatoria" incorporada por el Estado Mexicano, cumple con la estructura, principios y objetivos acordados internacionalmente a través de la Acción 12 de BEPS, para posteriormente evaluar si dicha medida logrará eficientar los costos de recaudación en México, en caso de concluir que no se atendió al reporte en estudio, se propondrán las modificaciones conducentes. Finalmente, en el cuarto capítulo, se analizará la constitucionalidad de la obligación informativa en comento; particularmente, si la "regla de divulgación obligatoria" en comento vulnera el derecho humano a la no autoincriminación, recurriendo al criterio que en la materia ha desarrollado la Primera Sala de la Suprema Corte de Justicia de la Nación.

Del análisis desarrollado en la presente obra, se confirman las hipótesis planteadas. En el desarrollo del presente trabajo se demuestra que el "régimen de divulgación obligatoria" contemplado por el artículo 31-A del CFF no fue diseñado en atención a las recomendaciones de la OCDE, situación por la cual no se logrará eficientar los costos de recaudación en México; de esta manera, resulta necesario efectuar una reforma que contemple los acuerdos internacionales instrumentados en el reporte final de la Acción 12 de BEPS. También se confirma que la "regla de divulgación obligatoria" prevista por el CFF puede resultar violatoria del derecho humano a la no autoincriminación, dado que el derecho referido debe ser interpretado en un sentido amplio en favor del contribuyente y la constitución mexicana no otorga una facultad expresa al SAT que limite su alcance, como sí acontece en el caso de visitas domiciliarias. Resulta recomendable reformar nuestra legislación para reconocer que el derecho humano a la no autoincriminación no se debe acotar a procesos y autoridades de naturaleza penal, y para indicar que cualquier revisión que el SAT efectúe de las Operaciones Relevantes divulgadas, únicamente tendrán consecuencias fiscales (liquidación del crédito fiscal correspondiente) y no penales.

Capítulo I.

Objetivos y principios de las "reglas de divulgación obligatoria"

El reporte de la Acción 12 de BEPS establece los objetivos y principios que deben tener las "reglas de divulgación obligatoria" previstas por las legislaciones tributarias de los Estados. El propósito de este capítulo es analizar el marco teórico de dichos objetivos y principios, así como las diferencias que guardan las "reglas de divulgación obligatoria" respecto de otros esquemas de divulgación de información, a la luz de los comentarios publicados por la OCDE, las disposiciones fiscales vigentes en México, la doctrina y los criterios jurisdiccionales existentes. De esta forma, se podrá verificar si, desde una perspectiva teórica, la inclusión de este tipo de normas puede eficientar los mecanismos de recaudación en nuestro país.

Los impuestos son una de las principales fuentes de ingresos de los Estados; es por esto, que el "cumplimiento tributario" impacta directamente en la capacidad que tienen las autoridades gubernamentales para proveer bienes y servicios públicos a su comunidad[14].

En el informe denominado "Estadísticas Tributarias" publicado por la OCDE a través de su página de internet, se puede observar que México es el miembro que menores ingresos fiscales recauda por año, ya que dichos ingresos representan el 19.6% de su Producto Interno Bruto (en adelante "P.I.B."), mientras que el promedio de los países miembros de la OCDE es de 34.25%[15].

---

14 Olaf Weber Till, *Behavioural Economics and Taxation, Working paper N.41-2014,* Publication Office of the European Union, 2014, p.5.

15 El informe de "Estadísticas Tributarias" se puede consultar en: [http://www.oecd.org/centrodemexico/estadisticas/], consultado el 10 de sep-

Lo anterior, aunado a la prolongada inestabilidad de los precios internacionales del petróleo –partida que constituye otra fuente importante de ingresos de nuestro país-, son factores que invitan al Gobierno Federal a replantear los mecanismos de recaudación fiscal previstos por nuestra legislación tributaria; particularmente, por lo que respecta a los sistemas de divulgación de información de carácter fiscal.

Antes de comenzar con el análisis del marco teórico delimitado por la Acción 12 de BEPS, resulta necesario definir qué debe entenderse por "cumplimiento fiscal", "evasión fiscal" y "elusión fiscal", ya que dichos conceptos guardan una relación intrínseca con los objetivos perseguidos por toda regla de divulgación tributaria.

Las disposiciones fiscales vigentes a la fecha del presente trabajo no prevén una definición expresa de los conceptos referidos; no obstante, esta terminología no es ajena a nuestro sistema jurídico[16].

Un ejemplo de esto, es la fracción VI del artículo 7 de la Ley del Servicio de Administración Tributaria, la cual establece que el SAT podrá solicitar y proporcionar a otras instancias públicas, nacionales o del extranjero, el acceso a la información necesaria para evitar la evasión o elusión fiscales, de conformidad con las leyes y tratados internacionales en materia fiscal y aduanera.

El concepto de "evasión fiscal" también es utilizado en diversos acuerdos y convenios internacionales celebrados por el gobierno mexicano en materia fiscal[17].

Tal es el caso del "Convenio entre el Gobierno de los Estados Unidos Mexicanos y el Gobierno de los Estados Unidos de Améri-

---

tiembre de 2015.

16 Licona Vite, Cecilia, *Estudio sobre la Evasión y Elusión Fiscales en México,* Centro de Estudios de Derecho e Investigación Parlamentaria, México, Marzo 2007, p. 22.

17 *Ibídem,* p.23.

ca para Evitar la Doble Imposición e Impedir la Evasión Fiscal en Materia de Impuesto sobre la Renta", cuyo título reconoce que, a través de dicho convenio, se pretende impedir la "evasión fiscal" entre los residentes de ambos Estados Contratantes.

No obstante que nuestra legislación y un sector de la doctrina contemplan a la "evasión fiscal" y "elusión fiscal" como conceptos diferenciados, otro sector considera que dichos conceptos son sinónimos.

El análisis que se desarrollará en la presente obra comparte la primera postura; es decir, que los conceptos de evasión y elusión fiscal no son sinónimos, sino que guardan diferencias sustanciales, mismas que se señalan a continuación.

El Diccionario Jurídico Mexicano define el concepto de "evasión fiscal" como cualquier hecho comisivo u omisivo del sujeto pasivo[18] de la imposición que contravenga o viole una norma fiscal, en virtud de la cual una riqueza imponible en cualquier forma resulte sustraída, total o parcialmente, al pago del tributo previsto en la ley. Toda evasión fiscal es violatoria de disposiciones legales; es decir, es antijurídica[19].

Por su parte, el citado diccionario considera que la "elusión fiscal" es una actividad motivada por una maliciosa intención de evadir un impuesto justo, a través del empleo de formas y posibilidades de adaptación de las estructuras de derecho privado inadecuadas para la realización de las finalidades empíricas que se proponen los contribuyentes[20].

---

18 Alil Álvarez-Alcalá señala que mientras que el sujeto activo es siempre el Estado; el sujeto pasivo es el obligado a contribuir. *Cfr.* Álvarez-Alcalá Alil, *Lecciones de Derecho Fiscal,* Segunda Edición, Oxford Univesity Press, México, 2015, p. 8.

19 Instituto de Investigaciones Jurídicas, *Diccionario Jurídico Mexicano,* Editorial Porrúa, S.A., México, 2005.

20 *Idem.*

De esta forma, el Diccionario Jurídico Mexicano efectúa una distinción entre los conceptos de evasión y elusión fiscal, al definir a ésta como el proceder que, sin infringir el texto de ley, procura el alivio tributario mediante la estructuración de figuras jurídicas atípicas[21].

Por lo que respecta a criterios jurisdiccionales, en diversas jurisprudencias y tesis aisladas emitidas por la Suprema Corte de Justicia de la Nación (en adelante "SCJN"), se ha reconocido a los conceptos de "evasión fiscal" y "elusión fiscal", como conceptos diferenciados[22]; sin embargo, dicho órgano judicial no se ha dado a la tarea de definir qué debe entenderse por cada uno de éstos.

La OCDE comparte la distinción en estudio al definir el concepto de "evasión fiscal" como aquellos acuerdos ilegales por virtud de los cuales la obligación tributaria es encubierta[23]; y, el concepto de "elusión fiscal", como aquellos acuerdos que realizan los contribuyentes con el objetivo de reducir su obligación tributaria, mismos que usualmente son contradictorios con el propósito perseguido por la norma fiscal, pese a ser estrictamente legales.

Como se puede observar, tanto la evasión como la elusión fiscal tienen como resultado la disminución de la carga tributaria del contribuyente; no obstante, mientras que ésta siempre califica como una conducta antijurídica, aquélla se conduce dentro del marco legal aplicable.

---

21 Licona Vite, Cecilia, *op. cit.*, p.24.

22 Un ejemplo, es la tesis identificada bajo el rubro "RENTA. EL ARTÍCULO 109, PENÚLTIMO PÁRRAFO, DE LA LEY DEL IMPUESTO RELATIVO, NO VIOLA EL PRINCIPIO DE PROPORCIONALIDAD TRIBUTARIA", Tesis: 1a. CLXXXIV/2011 (9a.), emitida por la Primera Sala de la Suprema Corte de Justicia de la Nación.

23 Las definiciones se encuentran previstas en el Glosario de Términos Fiscales de la OCDE previsto en: [www.oecd.org/ctp/glossaryoftaxterms.htm] (traducción propia del autor), consultado el 20 de agosto de 2015.

Una vez analizados los conceptos de evasión y elusión fiscal, así como las diferencias que dichos conceptos guardan entre sí, resta entrar al estudio de lo que debe entenderse por "cumplimiento fiscal".

Toda política de fiscalización tiene como fin último aumentar el índice de "cumplimiento fiscal" a efecto de ampliar la base imponible de los Estados, ya sea mediante técnicas de ejecución y cumplimiento tributario tradicionales –tales como auditorías fiscales-, o bien, mediante la educación cívico-tributaria de los contribuyentes a efecto de fomentar el cumplimiento voluntario[24].

Pese a que el concepto de "cumplimiento fiscal" es comúnmente utilizado por las autoridades gubernamentales, resulta relevante señalar que el mismo no suele ser definido por éstas y generalmente no existe un análisis doctrinal exhaustivo de su alcance.

Una gran parte de la doctrina suele entender el concepto de "cumplimiento fiscal" como la ausencia de "evasión fiscal"[25], dejando de lado factores fundamentales que deben ser incluidos en dicho concepto, a tal grado que prácticas de elusión fiscal podrían entenderse comprendidas dentro del mismo.

En este sentido, el referido concepto deber ser leído a la luz del principio de autodeterminación tributaria. En nuestro país, "la regla general es la autodeterminación de las contribuciones, esto es, que el propio causante precisa la cantidad que debe cubrir al

---

24 OECD/The International and Ibero-American Foundation for Administration and Public Policies (FIIAP) (2015), *Fomentando la cultura tributaria, el cumplimiento fiscal y la ciudadanía: Guía sobre educación tributaria en el mundo,* OECD Publishing Paris.
http://dx.doi.org./10.1787/9789264222786-es, p. 16.

25 Olaf Weber, Till, *op. cit.*, p. 5.

Estado por concepto de impuestos, cuando se ubica en el hecho generador[26] correspondiente"[27].

En este sentido, el tercer párrafo del artículo 6 del CFF establece que corresponde a los contribuyentes la determinación de las contribuciones a su cargo, salvo disposición expresa en contrario.

El principio de autodeterminación previsto en la disposición referida, "obedece a razones prácticas, ya que es el contribuyente quien cuenta con la información necesaria para determinar la cuantía de su obligación fiscal"[28]; no obstante, debido a la complejidad técnica de las disposiciones fiscales, en muchas ocasiones los contribuyentes solicitan el apoyo de asesores fiscales externos.

Considerando lo anterior, y para efectos del presente análisis, se entenderá por "cumplimiento fiscal" a aquella conducta del contribuyente encaminada a realizar su mejor esfuerzo para ejecutar correctamente las obligaciones tributarias a su cargo[29].

Hecho ya el análisis de los conceptos de cumplimiento, evasión y elusión fiscal, es tiempo de examinar el marco teórico desarrollado por la OCDE a través de la Acción 12 de BEPS.

En los estudios realizados por la OCDE, en materia de BEPS, se concluyó que la problemática relativa a la erosión de la base imponible y traslado de utilidades a jurisdicciones preferentes se deriva de la planificación fiscal "agresiva" que efectúan los contribuyentes, y no en la violación o incumplimiento de las disposiciones

---

26 De acuerdo con Mauricio Yanome Yesaki, en su libro "Compendio de Derecho Fiscal", el hecho generador es la realización del supuesto previsto en la norma que dará lugar a la obligación tributaria en general, es decir, es la materialización de la hipótesis normativa. *Cfr.* Yanome Yesaki, Mauricio, *Compendio de Derecho Fiscal*, Ediciones Lazcano Lozano, México, 2002.

27 Álvarez-Alcalá Alil, *Lecciones de Derecho Fiscal*, Segunda Edición, Oxford Univesity Press, México, 2015, p. 74.

28 *Ibidem*, pp. 74-76.

29 *Cfr.* Doran, Michael, *Tax Penalties and Compliance*, George Town University Law Center, 2009, p. 144.

fiscales aplicables[30]; es decir, la problemática de BEPS se deriva de prácticas de "elusión fiscal" que realizan los contribuyentes.

La Acción 12 de BEPS consiste en desarrollar recomendaciones relativas al diseño de normas de declaración obligatoria para transacciones o estructuras fiscales agresivas. Estas recomendaciones incluyen el señalamiento expreso de los objetivos y principios que debe cumplir toda "regla de divulgación obligatoria" de acuerdo con la OCDE, mismos que se analizan brevemente a continuación.

I.1. OBJETIVOS

De conformidad con la Acción 12 de BEPS el objetivo principal de una "regla de divulgación obligatoria" es brindar información oportuna de esquemas de planeación fiscal agresiva e identificar a los promotores y usuarios de dichos esquemas[31].

La detección oportuna de estos esquemas hace más eficiente los costos de fiscalización incurridos por las autoridades tributarias, ya que los recursos que de otra manera serían utilizados para detectar esquemas de evasión fiscal (e.g., mediante una auditoría), pueden ser reasignados a actividades que permitan responder rápidamente a los esquemas reportados a través de dichas reglas. Para el caso de México, estas actividades pueden ser:

i. La emisión de un criterio no vinculativo[32]. Estos criterios son opiniones informativas de las autoridades fiscales sobre

[30] OCDE (2013), *Lucha contra la erosión de la base imponible y el traslado de beneficios*, Éditions OCDE.
http://dx.doi.org/10.1787/9789264201224-es, pp. 7-10.

[31] OECD (2015), *Mandatory Disclosure Rules*, Action 12 – 2015 Final Report, OECD/G20 Base Erosion and Profit Shifting Project, PEXD Publishing, Paris.
http://dx.doi.org/10.1787/9789264241442-en, p. 18.

[32] Los criterios no vinculativos se encuentran regulados por los artículos 33, fracción I, inciso h) del CFF y se publican en el Diario Oficial de la

la interpretación de ciertas operaciones que realizan algunos contribuyentes, las cuales no los obligan jurídicamente[33]. En algunos casos, el SAT manifiesta que contravenir dichos criterios se considerará una práctica fiscal indebida.

ii. La emisión de un criterio normativo. Los criterios en estudio son "las instrucciones precisas de carácter técnico o explicativo que el funcionario superior da al inferior, para que actúe en esos términos al aplicar la ley tributaria"[34]. Pese a que no son obligatorios para los contribuyentes, sí les confiere derechos si éstos son publicados en el Diario Oficial de la Federación.[35]

iii. La emisión de una regla general de carácter administrativo. Estas reglas son de observancia general, se refieren a contribuciones y se agrupan en la Resolución Miscelánea Fiscal. A diferencia de los criterios antes referidos, son de carácter obligatorio para los contribuyentes[36].

iv. La modificación de la legislación fiscal correspondiente. De acuerdo con el inciso H del artículo 72 de la CPEUM, tratándose de contribuciones, la Cámara de Diputados deberá ser la cámara de origen, lo que implica que el proceso de reforma depende de diversos actores políticos, situación que pueden entorpecer cualquier intento de respuesta inmediata a esquemas de elusión fiscal.

Federación, a través de alguno de los Anexos de la Resolución Miscelánea Fiscal.

33 De Anda Turati, José Antonio, *Criterios No Vinculativos*, Fisco Actualidades, Instituto Mexicano de Contadores Públicos, pp. 2-5.

34 Instituto de Investigaciones Jurídicas, *Diccionario Jurídico Mexicano*, A-C, Editorial Porrúa, México, 2009.

35 Estos criterios se contemplan en los artículos 33, penúltimo párrafo y 35 del CFF.

36 El fundamento de este tipo de reglas se encuentra en los artículos 14, fracción III, de la Ley del Servicio de Administración Tributaria y 33, fracción I, inciso g), del CFF.

De acuerdo con BEPS, otro de los objetivos primordiales es generar un efecto disuasivo en los contribuyentes, ya que probablemente se desincentivará la implementación de un esquema si éste debe reportarse ante las autoridades fiscales, quienes podrán no compartir el criterio de los contribuyentes y considerar que dichos esquemas son ilegales.

La OCDE no realiza un análisis exhaustivo del efecto disuasivo que, en materia tributaria, se puede lograr a través de una "regla de divulgación obligatoria". Considerando la relevancia de dicho efecto, a continuación se procederá a analizar, con mayor precisión, los efectos de disuasión que se pueden lograr a través de este tipo de esquemas de divulgación.

Los modelos de disuasión se pueden analizar a la luz de los modelos económicos de la conducta criminal de Gary Becker. Este modelo tiene como objetivo la determinación de una pena óptima, mediante el equilibrio de los costos y beneficios esperados por un delincuente[37]. En el modelo de Becker, los costos esperados de los delincuentes se determinan mediante una función que considera la severidad de la penalidad y la probabilidad del castigo.

Este modelo ha sido adaptado para analizar el problema de elusión fiscal por Michael Allingham y Agnar Sandmo, quiénes examinan la decisión de los contribuyentes de cuánto ingreso reportar en las declaraciones fiscales correspondientes[38], considerando a los ingresos de los contribuyentes como una variable exógena[39].

---

[37] Doran, Michael, *Tax Penalties and Compliance*, George Town University Law Center, 2009, p. 124.

[38] *Idem.*

[39] Según Olivier Blanchard las variables que no se explican por un modelo económico, sino que vienen dadas se denominan variables exógenas. Cfr. Blanchard, Olivier, *Macroeconomía*, Editorial Pearson, 5ª Edición, 2012, España, p. 48.

Dichos autores argumentan que los contribuyentes eludirán el pago de impuestos siempre que los beneficios que obtengan con motivo de la elusión fiscal (el monto del impuesto no pagado) sean mayores que el resultado que se obtenga de multiplicar a los costos que afrontarían si el esquema de elusión fiscal fuera descubierto (impuesto omitido adicionado con actualizaciones, recargos y multas) por la probabilidad de que efectivamente sea detectado por las autoridades fiscales[40] (en adelante "Modelo de Disuasión Tributaria").

En este sentido, supongamos que el Contribuyente A lleva a cabo la implementación de una esquema fiscal agresivo que le generará un beneficio aproximado de $2 millones de pesos; ahora bien, dicho contribuyente sabe que si las autoridades fiscales ejercen sus facultades de comprobación y evalúan el esquema en comento, muy probablemente determinarían un crédito fiscal[41] a su cargo en cantidad de $3 millones de pesos. Finalmente, asumamos que la probabilidad de que dicho esquema sea efectivamente detectado en México es de 30%.

De conformidad con el Modelo de Disuasión Tributaria, el Contribuyente A sí llevaría a cabo la implementación del esquema de elusión fiscal, ya que sus beneficios esperados serían mayores a sus costos esperados de conformidad con lo siguiente:

$2,000,000	>	**$900,000**	=	($3,000,000* 30%)
Beneficio Estimado		Costo Estimado		Costo* Probabilidad

40 Doran, Michael, *op. cit.*, p. 124.

41 De conformidad con el artículo 4 del CFF se considera crédito fiscal los que tenga derecho a percibir el Estado o sus organismos descentralizados que provengan de contribuciones, de sus accesorios o de aprovechamientos, incluyendo los que deriven de responsabilidades que el Estado tenga derecho a exigir de sus funcionarios o empleados o de los particulares, así como aquellos a los que las leyes les den ese carácter y el Estado tenga derecho a percibir por cuenta ajena.

El presente trabajo no tiene como finalidad hacer un análisis detallado de las variables que deben considerarse en el Modelo de Disuasión Tributaria y mucho menos hacer una crítica del mismo; sin embargo, resulta de utilidad traer a la luz dicho modelo, ya que permite observar con claridad que la probabilidad de que las autoridades fiscales detecten un esquema de elusión fiscal es uno de los elementos que consideran los contribuyentes para tomar la decisión relativa a si implementan, o no, un esquema de elusión fiscal.

En este sentido, las "reglas de divulgación obligatoria" constituyen una variable endógena[42] del Modelo de Disuasión Tributaria, ya que este tipo de obligaciones informativas aumentan significativamente la probabilidad de detectar un esquema de elusión fiscal, siempre que dichas reglas sean efectivas en el Estado en el que se incorporen.

De esta manera, a efecto de optimizar el efecto disuasivo de una "regla de divulgación obligatoria" resulta fundamental que las autoridades fiscales y el sistema normativo del Estado, logren hacer efectiva la "regla de divulgación obligatoria"; de otra manera, no se logrará disuadir la conducta de los usuarios y promotores de los esquemas de elusión fiscal.

Considerando lo anterior, de conformidad con la Acción 12 de BEPS, los objetivos de una "regla de divulgación obligatoria" se pueden resumir en los siguientes:

a. Obtener información oportuna de los esquemas de elusión fiscal para estar en posibilidad de reaccionar ante los riesgos que pudieran derivarse en materia de recaudación;

b. Identificar oportunamente a los promotores y usuarios de dichos esquemas; y,

---

42 Según Olivier Blanchard, las variables que dependen de otras variables del modelo económico, y que se explican por el mismo, se denominan variables endógenas. *Cfr.* Blanchard, Olivier, *Macroeconomía,* Editorial Pearson, 5ª Edición, 2012, España, p. 48.

c. Generar un efecto disuasivo para reducir la promoción y uso de esquemas de elusión fiscal.

I.2. PRINCIPIOS FUNDAMENTALES

La acción 12 de BEPS establece un listado de principios mínimos fundamentales que toda "regla de divulgación obligatoria" debe cumplir, reconociendo que cada una de las legislaciones domésticas puede incorporar más principios atendiendo a las necesidades particulares de cada jurisdicción.

I.2.1. Claridad y facilidad de entendimiento

Las "reglas de divulgación obligatoria" deben ser diseñadas de la forma más clara que sea posible, con objeto de que los contribuyentes tengan certeza de lo que es requerido por el régimen en cuestión.

De conformidad con la OCDE, la falta de claridad de una "regla de divulgación obligatoria" puede generar la falla en su cumplimiento y, como consecuencia, el establecimiento de sanciones pecuniarias a los contribuyentes.

Adicionalmente, la falta de claridad puede derivarse en que las autoridades fiscales reciban información de poca calidad o irrelevante.

I.2.2. Equilibrio entre los costos de cumplimiento y los beneficios de fiscalización

Como segundo principio, se prevé que los costos de cumplimiento que se generen a cargo del contribuyente con motivo de una "regla de divulgación obligatoria" deben de ser proporcionales a los beneficios que obtengan las autoridades fiscales en materia de fiscalización.

La OCDE reconoce que el establecimiento de "reglas de divulgación obligatoria" incrementarán los costos de cumplimiento de los promotores y usuarios de los esquemas de planeación fiscal agresiva. Entre más requisitos se establezcan para el cumplimiento de la regla en cuestión, mayores serán los costos de cumplimiento para dichas partes.

No obstante, estas reglas de divulgación proporcionarán a las autoridades fiscales información más valiosa respecto de las operaciones de elusión fiscal implementadas por los contribuyentes, situación que les permitirá utilizar sus recursos de manera más eficiente.

Considerando lo anterior, el alcance de toda "regla de divulgación obligatoria" debe lograr un equilibrio entre los costos adicionales de cumplimiento a cargo del contribuyente y los beneficios obtenidos por las autoridades fiscales.

I.2.3. Efectividad en lograr los objetivos de política fiscal

Como fue señalado, uno de los objetivos principales de las "reglas de divulgación obligatoria" es obtener información oportuna de los esquemas de evasión fiscal, así como de sus promotores y usuarios. En este sentido, toda "regla de divulgación obligatoria" deberá diseñarse de tal forma en que las autoridades fiscales logren obtener la información suficiente para lograr el objetivo deseado.

La Acción 12 de BEPS reconoce que resulta ineficiente tratar de abarcar todas las operaciones realizadas por los contribuyentes, por lo que es necesario definir los límites que resultarán aplicables para determinar el alcance de este tipo de reglas, mismos que deberán atender a las necesidades y riesgos particulares de cada jurisdicción.

I.2.4. Uso eficaz de la información divulgada

De acuerdo con la OCDE, las autoridades fiscales requieren implementar procedimientos efectivos para utilizar, de la manera más adecuada, la información divulgada por los contribuyentes.

Esto implica diseñar procesos que permitan analizar la información proporcionada por los contribuyentes, a efecto de identificar los riesgos existentes en materia de recaudación, así como la política fiscal a seguir.

I.3. COMPARATIVO CON OTROS ESQUEMAS DE DIVULGACIÓN

Una vez examinados los objetivos y principios que deben cumplir las "reglas de divulgación obligatoria" según la OCDE, resulta relevante efectuar un análisis comparativo entre este tipo de normas y otros esquemas de divulgación de información.

En la actualidad, las legislaciones tributarias de los Estados contemplan diversos esquemas de divulgación, en adición a las "reglas de divulgación obligatoria", situación que es reconocida por la Acción 12 de BEPS.

En el caso de México, con anterioridad a la adición del artículo 31-A del CFF, nuestra legislación no contemplaba obligación alguna de informar mecanismos de planificación fiscal agresiva, por lo que resulta relevante efectuar un breve análisis de los principales esquemas de divulgación de información que existían en nuestro país, previo a la entrada en vigor de la Reforma Hacendaria para 2014.

I.3.1. Confirmaciones de criterio

Algunas legislaciones tributarias prevén mecanismos para que los contribuyentes consulten a las autoridades fiscales el cómo aplicar la ley tributaria en transacciones o circunstancias específicas; para lo cual, dichas autoridades resuelven la problemática planteada por el contribuyente mediante la emisión de un oficio[43].

De acuerdo con la OCDE, en la mayoría de las jurisdicciones, los contribuyentes suelen consultar a las autoridades fiscales a través de este tipo de esquemas, antes de realizar la transacción correspondiente.

En nuestra legislación, el artículo 34 del CFF prevé un esquema similar, al obligar a las autoridades fiscales a contestar las consultas formuladas por los contribuyentes respecto de situaciones reales y concretas.

La autoridad fiscal quedará obligada a aplicar los criterios que resuelva en favor del contribuyente, siempre que la consulta comprenda los antecedentes y circunstancias necesarias para que ésta se pueda pronunciar al respecto, que dichos antecedentes y circunstancias no sean modificados con posterioridad y que éstos no se encuentren sujetos a un proceso de revisión por parte de las autoridades fiscales.

Las autoridades fiscales tienen un plazo de 3 meses para resolver la consulta del contribuyente, y su resolución no será obligatoria para éste, por lo que no procederá ningún medio de defensa en contra de esta. Esta situación parece haber desincentivado la formulación de consultas ante el SAT.

I.3.2. Obligaciones informativas adicionales

De acuerdo con la OCDE, algunas jurisdicciones solicitan a los contribuyentes que divulguen información respecto de ciertas transacciones, inversiones o atributos fiscales en las declaraciones anuales o mensuales correspondientes.

---

43 Este tipo de esquemas son reconocidos por la OCDE y el ámbito internacional como "*Ruling Regimes*" ("Regímenes de Oficios" en idioma español).

En nuestro país, el contenido de la declaración anual para personas morales de 2014, solicita señalar el monto de las pérdidas fiscales pendientes de amortizar del ejercicio, el saldo actualizado de la Cuenta de Capital de Aportación (CUCA) y de la Cuenta de Utilidad Fiscal Neta (CUFIN)[44], el saldo promedio anual de los créditos y deudas, los estados financieros contables, así como la conciliación entre el resultado contable y el fiscal.

La conciliación entre el resultado contable y fiscal consiste en determinar la utilidad o pérdida fiscal, partiendo del resultado contable[45]. Esta conciliación permite a las autoridades fiscales identificar fácilmente las diferencias que los contribuyentes deben tener respecto del tratamiento fiscal y contable de sus operaciones.

Un ejemplo de este tipo de variaciones se puede encontrar en las entidades que componen el sistema financiero[46], las cuales tienen un régimen contable particular establecido a través de circulares emitidas por la Comisión Nacional Bancaria y de Valores, y un régimen tributario diferente previsto por las disposiciones fiscales aplicables, por lo que este tipo de entidades suelen determinar diferencias contables-fiscales significativas, situación que suele ser verificada por las autoridades fiscales mediante el ejercicio de sus facultades comprobación.

---

44 La determinación del saldo de la CUFIN y de la CUCA se encuentra previsto en los artículos 77 y 78 de la Ley del ISR.

45 En términos generales, la utilidad o pérdida fiscal se determina adicionando al resultado contable con los “ingresos fiscales no contables” y las “deducciones contables no fiscales”, y restando, los “ingresos contables no fiscales” y las “deducciones fiscales no contables”.

46 El listado de las entidades que conformas el sistema financiero para efectos fiscales, se prevé por el artículo 7 de la Ley del ISR.

I.3.3. Declaraciones obligatorias a grupos delimitados de contribuyentes

Este tipo de declaraciones son utilizadas por algunas administraciones tributarias para obtener información de ciertos grupos perfectamente delimitados de contribuyentes, ya que por sus características constituyen un elemento de riesgo en materia tributaria.

A continuación se señala un resumen de los esquemas de divulgación previstos por nuestra legislación tributaria, que pueden ser clasificados en este grupo:

- *Dictamen fiscal*: con anterioridad a la Reforma Hacendaria para 2014, el artículo 32-A del CFF establecía la obligación para personas físicas con actividades empresariales y las personas morales que se encontraran en alguno de los supuestos previstos por la disposición referida, de dictaminar sus estados financieros por contador público registrado. A partir de 2014, se eliminó el carácter de obligatorio al dictamen fiscal, dejándolo únicamente como una opción que podía ser optada por los contribuyentes, mediante manifestación expresa en la declaración anual correspondiente.

  El dictamen fiscal se conforma por una serie de anexos que requieren información contable y fiscal muy detallada de las operaciones del contribuyente, tal como: los estados financieros, los pagos provisionales efectuados, la conciliación del resultado contable y fiscal, las retenciones a residentes en México y en el extranjero efectuadas en el ejercicio, el monto de las operaciones realizadas con partes relacionadas, la determinación anual de las contribuciones que resulten aplicables, entre otros.

  Algunos de los contribuyentes que se encontraban obligados a presentar dicho dictamen –ahora pueden presentarlo opcionalmente- son aquellos: a) que percibieran ingresos en el ejercicio inmediato anterior superiores a $34,803,950; b) que al menos 300 trabajadores le hayan prestado servicios en cada mes del ejercicio; c) que consolidaran su resultado fiscal de conformidad con la Ley del ISR abrogada; d) que califiquen como donatarias autorizadas para recibir donativos deducibles para efectos de impuesto sobre la renta, e) las que se fusionen y escindan; y, f) algunas entidades gubernamentales.

En el siguiente capítulo se detallará cuáles son los beneficios de presentar el dictamen fiscal en comento; no obstante, para efectos del presente apartado, sólo debe quedar claro que las autoridades fiscales solían pedir información de manera obligatoria a ciertos tipos de contribuyentes, cuyas contribuciones u operaciones eran materialmente importantes para la conformación de la base imponible de nuestro país.

- *Declaración de situación fiscal*: El artículo 32-H del CFF fue adicionado en 2014 y prevé una nueva obligación a cargo de los contribuyentes de presentar una declaración informativa de su situación fiscal, la cual deberá presentarse por aquellos contribuyentes que sean competencia de la Administración General para Grandes Contribuyentes y que se encuentren en los supuesto contemplados en dicha disposición. Esta declaración tiene como finalidad sustituir al dictamen fiscal señalado anteriormente, pese a que este último se mantiene en nuestra legislación de manera opcional.

Entre los supuestos contemplados por la disposición referida se encuentran: a) que los contribuyentes hayan obtenido ingresos acumulables para efectos de impuesto sobre la renta iguales o superiores a $644,599,005; b) sociedades que pertenezcan al régimen opcional de integración previsto en el Capítulo VI, del Título II de la Ley del ISR; c) las entidades paraestatales de la Administración Pública Federal; d) las personas morales residentes en el extranjero con establecimiento permanentes en el país; y, e) cualquier persona moral residente en México, respecto de las operaciones llevadas a cabo con un extranjero.

Como se puede observar, esta declaración se encuentra dirigida a ciertos grupos de contribuyentes perfectamente delimitados, cuyas características u operaciones son relevantes para estimar los ingresos tributarios de nuestro país.

- *Declaración Informativa Múltiple*: La Forma Oficial No. 30 "Declaración Informativa Múltiple" (DIM) es el programa electrónico por virtud del cual los contribuyentes cumplen con diversas obligaciones informativas previstas en la legislación tributaria de nuestro país.

  En la mayoría de los casos, los obligados a presentar la DIM se pueden identificar en grupos específicos, por ejemplo:

  - **Patrones**: el Anexo 1 de la DIM solicita información anual de sueldos, salarios, conceptos asimilados, créditos al salario y subsidios para el empleo.
  - **Residentes en el Extranjero**: el Anexo 4 de la DIM requiere diversa información relativa a los pagos y retenciones efectuadas a residentes en el extranjero.
  - **REFIPRES**: en el Anexo 5 debe ser presentado por aquellos contribuyentes que realicen inversiones en territorios con regímenes fiscales preferentes de conformidad con el Título VI de la Ley del ISR.
  - **Régimen de Integración**: las sociedades que tributen en el régimen opcional de integración de la Ley del ISR, deberán presentar el Anexo 6 de la DIM.
  - **Operaciones a través de Fideicomisos**: finalmente, otro grupo obligado a presentar la DIM, lo conforman aquellos contribuyentes que hayan realizado operaciones a través de fideicomisos.

  Como se puede observar, la DIM agrupa a diversos contribuyentes obligados a reportar información de las operaciones que realizan. En algunas ocasiones, los contribuyentes que presentan el dictamen fiscal o la declaración de su situación fiscal divulgan información que, a su vez, es requerida por la DIM, por lo que se genera una duplicidad en la obligación de reporteo.

I.3.4. Divulgación voluntaria y Programas de Cumplimiento Cooperativo

La divulgación voluntaria es un esquema que suele incorporarse en las legislaciones tributarias de los Estados, a efecto de que los contribuyentes incumplidos divulguen cierta información solicitada por las autoridades fiscales, a cambio de obtener la reducción de alguna multa o sanción impuesta a su cargo.

En el caso de los programas de cumplimiento cooperativo, éstos son destinados a un grupo específico de grandes contribuyentes, los cuales acuerdan divulgar de forma detallada y verídica las operaciones que realizan, con la finalidad de que las autoridades fiscales tengan mejor entendimiento de los efectos que genera la implementación de sus políticas tributarias, logrando que ambas partes tengan mayor certeza del régimen fiscal aplicable a las operaciones realizadas por dichos contribuyentes.

Nuestra legislación tributaria no cuenta con alguna declaración informativa cuya presentación permita disminuir las multas o sanciones impuestas a los contribuyentes, ni con programas de cumplimiento cooperativo en los términos antes señalados.

I.4. BENEFICIOS DE LAS "REGLAS DE DIVULGACIÓN OBLIGATORIA"

De acuerdo con la OCDE, debido a que las "reglas de divulgación obligatoria" resultan aplicables a todo tipo de contribuyente, éstas tienen un mayor alcance que los demás esquemas de divulgación.

Por ejemplo, las confirmaciones de criterio suelen tener un alcance más limitado, ya que los contribuyentes no tienen incentivos para confirmar el régimen fiscal que resulta aplicable a operaciones planificadas agresivamente. De igual forma, las declaraciones obligatorias como el dictamen fiscal o la declaración de la situación fiscal se encuentran destinadas a un grupo perfectamente delimitado de contribuyentes.

Otro beneficio de incorporar una "regla de divulgación obligatoria" consiste en que este tipo de declaraciones requiere la participación del tercero involucrado en el diseño, promoción e implementación de los esquemas de elusión fiscal, situación que no acontece en ningún otro esquema de reporteo.

En contraste con las "reglas de divulgación obligatoria", las otras declaraciones informativas no se enfocan en la detección de esquemas de elusión fiscal, situación que deriva en que las autoridades fiscales no obtienen información de los métodos de planificación fiscal agresiva utilizados por los contribuyentes.

Esto es, la información contenida en dichas declaraciones informativas únicamente permite a las administraciones tributarias presumir la implementación de alguna estructura fiscal agresiva, presunción que debe ser verificada a través de diversos razonamientos y actuaciones, tales como el ejercicio de sus facultades de comprobación, por lo que se deben destinar mayores recursos para la detección de esquemas de elusión fiscal.

Adicionalmente, cuando dichos esquemas se logran identificar, suele ser tarde para implementar alguna acción que permita evitar pérdidas en los ingresos tributarios del Estado.

Otro beneficio, es la disuasión de la conducta del contribuyente. Una "regla de divulgación obligatoria" eficaz debe lograr que tanto los promotores como los usuarios de los esquemas de planificación fiscal agresiva, eviten llevar a cabo su implementación, si saben que deberán ser reportados ante las autoridades fiscales competentes.

De esta manera, la OCDE reconoce que las "reglas de divulgación obligatoria" generan una serie de beneficios y ventajas a las administraciones tributaria de los Estados, que no se pueden lograr a través de otros esquemas de divulgación de información.

La Acción 12 de BEPS señala que este tipo de beneficios ha sido comprobado por diversas jurisdicciones miembros de la OCDE; por ejemplo, en el caso de Canadá, uno de los esquemas de elusión fiscal comúnmente implementados por los contribuyentes, consistía en obtener un comprobante fiscal que amparaba montos mayores a las donaciones o ventas que efectivamente realizaban en favor de instituciones de beneficencia[47].

De acuerdo con la OCDE, este tipo de esquemas se hicieron comunes en Canadá desde el año 2000 y alcanzó un monto máximo de participantes en el año 2006 (aproximadamente 49,000).

Fue a partir del año 2006, cuando las autoridades fiscales canadienses incorporaron una "regla de divulgación obligatoria" a efecto de disuadir la promoción y uso de este tipo de esquemas. Adicionalmente, la Corte Federal de Apelaciones de Canadá resolvió negar la deducción derivada de este tipo de esquemas en tres casos[48]; en los cuales, los contribuyentes consideraron deducciones mayores a los recursos efectivamente donados, argumentando que los contratos de donación cumplían con todos los requisitos legales aplicables[49].

La evolución del número de participantes de este tipo de esquemas por el periodo de 2006 a 2013, se muestra en la siguiente tabla.

---

47 Charity Law Information Program, *What is an abusive gifting tax shelter?*, consultado el 15 de octubre de 2015 en: http://www.smartgiving.ca/charity-scams/abusive-canadian-charity-tax-shelter-schemes/what-is-an-abusive-gifting-tax-shelter

48 Los tres casos se identifican como: F. Max E. Maréchaux (2010 FCA 287), Kathryn Kossow (2013 FCA 283) y Allen Berg (2014 FCA 25).

49 Canada Revenue Agency, Tax Shelters, consultado el 15 de octubre en: http://www.cra-arc.gc.ca/gncy/lrt/vshlt-eng.html

Tabla 1.1.: Esquemas de Donación – participantes y donaciones (Canadá, 2006-13)[50]

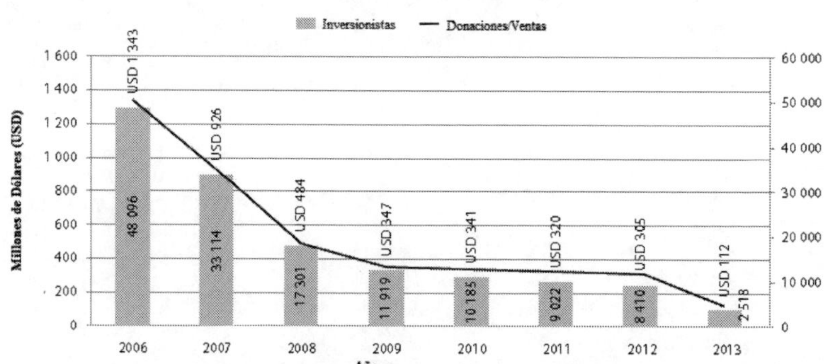

De la tabla anterior se desprende que, a partir de la incorporación de la "regla de divulgación obligatoria" en el año 2006, el mercado de este tipo de esquemas de elusión fiscal disminuyó considerablemente en Canadá, por lo que se corrobora que la implementación de este tipo de reglas de divulgación disuade la conducta de los usuarios y promotores de esquemas de planificación fiscal agresiva.

Finalmente, resulta importante tener en cuenta que así como las "reglas de divulgación obligatoria" no pueden ser sustituidas por otras declaraciones informativas; de igual forma, las "reglas de divulgación obligatoria" no pueden reemplazar a los demás esquemas de divulgación previstos por las legislaciones tributarias de los Estados.

Derivado del análisis realizado, se puede concluir que, desde un plano teórico, la inclusión de "reglas de divulgación obligatoria" permite eficientar los mecanismos de recaudación en nuestro país y, por ende, los costos de fiscalización incurridos por las autoridades tributarias.

---

[50] Fuente: OECD (2015), "*Mandatory Disclosure Rules*", Action 12 – 2015 Final Report, OECD/G20 Base Erosion and Profit Shifting Project, PEXD Publishing, Paris. http://dx.doi.org/10.1787/9789264241442-en, p. 28.

Capítulo II.

Análisis del "régimen de divulgación obligatoria" en México (artículo 31-A del Código Fiscal de la Federación)

Una vez señalados los beneficios de incluir "reglas de divulgación obligatoria" en las legislaciones tributarias de los Estados, e identificar las diferencias que este tipo de reglas guardan respecto de otros esquemas de divulgación de información, resulta importante analizar con detalle la obligación informativa incorporada en el artículo 31-A del CFF, con motivo de la Reforma Hacendaria para 2014.

Para estos efectos, el reporte de la Acción 12 de BEPS señala que toda "regla de divulgación obligatoria" debe abordar una serie de preguntas que determinen su alcance. Es decir, este tipo de normas debe tener un mínimo de elementos estructurales que permitan contestar lo siguiente: a) ¿Quién debe reportar?; b) ¿Qué debe ser reportado?; c) ¿Cuándo se debe reportar?; d) ¿Qué otras obligaciones se establecen para los asesores y usuarios de los esquemas?; e) ¿Cuáles son las consecuencias del incumplimiento?; f) ¿Cuáles son las consecuencias del cumplimiento y cómo será utilizada la información requerida?[51]

El propósito de este capítulo es hacer un análisis detallado de la obligación informativa prevista en el artículo 31-A del CFF, y demás disposiciones fiscales aplicables, tratando de contestar cada una de las preguntas referidas.

---

51 OECD (2015), *Mandatory Disclosure Rules,* Action 12 – 2015 Final Report, OECD/G20 Base Erosion and Profit Shifting Project, PEXD Publishing, Paris.
http://dx.doi.org/10.1787/9789264241442-en, pp. 18-19.

II.1. ¿QUIÉN DEBE REPORTAR?

El artículo 31-A del CFF establece que los contribuyentes deberán presentar la información de las operaciones que se señalen en la forma oficial que al efecto aprueben las autoridades fiscales, dentro de los 30 días siguientes a aquél en el que se celebraron.

Las disposiciones fiscales no establecen una definición de lo que debe entenderse por "contribuyente" o "contribución"; sin embargo, el artículo 2 del CFF señala que las contribuciones se clasifican en impuestos, aportaciones de seguridad social, contribuciones de mejoras y derechos.

De esta forma, cualquier persona física o moral, residente en México o en el extranjero, que conforme a ley se encuentre obligado a pagar una contribución al fisco, se encontrará obligado a divulgar las Operaciones Relevantes que efectúen de conformidad con el artículo 31-A del CFF.

En el ámbito internacional, existen dos enfoques para identificar quién se debe encontrar obligado a informar sobre posibles esquemas de elusión fiscal: el primero, consiste en imponer la obligación de revelación tanto al asesor como al contribuyente; mientras que en el segundo, la obligación reside en uno de ellos (principalmente en el asesor, o bien, en el contribuyente).

Como se puede observar, en nuestra nueva "regla de divulgación obligatoria" la obligación de revelar los esquemas de elusión fiscal persigue el segundo enfoque; es decir, son los contribuyentes los únicos obligados a divulgar la información en comento. En el siguiente capítulo se analizará si dicho enfoque sigue las recomendaciones de la Acción 12 de BEPS.

Resulta relevante señalar que el SAT ha publicado, a través de su página de internet, instructivos de llenado y manuales de usuario, en los cuales se especifica que a efecto de estar en posibilidad de presentar la declaración informativa en estudio, se requiere contar con Registro Federal de Contribuyentes (R.F.C.), así como con la "Contraseña"[52] o "Firma Electrónica Avanzada" (FIEL)[53].

Lo anterior, genera un problema práctico para los contribuyentes que califiquen como residentes en el extranjero para efectos fiscales, pues en muy raras ocasiones –cuando requieren cumplir con ciertas obligaciones formales o en materia impuesto al valor agregado- cuentan con R.F.C., "Contraseña" o FIEL, por lo que parece que el SAT únicamente pretende obtener información de esquemas de elusión fiscal implementados por contribuyentes que residan en México para efectos fiscales, situación que limita el alcance de la información que se obtendrá a través de la nueva "regla de divulgación obligatoria" en estudio.

II.2. ¿QUÉ DEBE SER REPORTADO?

La Acción 12 de BEPS contempla que, a través de una "regla de divulgación obligatoria", se puede solicitar que se divulguen supuestos generales y/o específicos.

II.2.1. Supuestos generales

Los "supuestos generales" se aplican comúnmente para identificar esquemas de elusión fiscal ampliamente promovidos. En este sentido, se solicita informar aquellos esquemas en los que se acordó pagarle al asesor un porcentaje sobre el "ahorro fiscal" obtenido por el esquema, o bien, aquellos en los que el asesor fiscal solicita mantener estricta confidencialidad de la operación planteada al contribuyente.

---

52 La contraseña es un mecanismo de acceso a los servicios que brinda el SAT a través de su página de internet.

53 La FIEL es un archivo digital que identifica al contribuyente al realizar trámites por internet en el SAT e incluso otras dependencias del Gobierno de la República.

Al respecto, la "regla de divulgación obligatoria" prevista por el artículo 31-A del CFF no solicita a los contribuyentes que informen los acuerdos convenidos con el promotor de este tipo de esquemas, situación que acredita que la citada obligación informativa no contempla "supuestos generales" de divulgación en términos de la Acción 12 de BEPS.

II.2.2. Supuestos específicos

Los "supuestos específicos" reflejan las inquietudes e intereses particulares de las autoridades, por lo tanto, se dirigen a áreas percibidas como riesgosas en materia de recaudación, tales como: la amortización de pérdidas, el arrendamiento, la recaracterización de ingresos, entre otros.

El artículo 31-A del CFF establece que los contribuyentes deberán presentar la información de las operaciones que se señalen en la forma oficial que al efecto aprueben las autoridades fiscales.

Para poder determinar qué es lo que debe ser reportado de conformidad con el artículo 31-A del CFF, resulta necesario analizar el contenido de la forma oficial referida por la citada disposición.

Al respecto, el 23 de octubre de 2014 fue publicado en la página de internet del SAT, la Forma Oficial No. 76 "Información de Operaciones Relevantes (artículo 31-A del Código Fiscal de la Federación)"[54].

La citada forma contiene un catálogo de 36 Operaciones Relevantes, las cuales se clasifican en 5 anexos, mismos que se señalan a continuación[55]:

---

[54] Resulta importante destacar que la citada Forma Oficial No. 76, se presentará a través de la página de internet del SAT.

[55] Para efectos de claridad, las Operaciones Relevante serán enumeradas consecutivamente; sin embargo, en la página de internet del SAT la primera operación de cada anexo se identifica con el número "1".

Anexo I. Operaciones Financieras establecidas en los artículos 20 y 21 de la Ley del ISR	
1.	Pago de cantidades iniciales por operaciones financieras que hayan representado más del 20% del valor subyacente.
2.	Operaciones Financieras compuestas y/o estructuradas.
3.	Operaciones Financieras con fines de cobertura comercial.
4.	Operaciones Financieras con fines de negociación.
5.	Operaciones Financieras donde el principal, los intereses y los accesorios provienen de la segregación de un título de crédito o cualquier instrumento financiero.
6.	Enajenación por separado del título o valor principal relacionado con bonos o cualquier instrumento financiero.
7.	Enajenación por separado de cupones de intereses relacionados con bonos o cualquier instrumento financiero.
8.	Terminación de manera anticipada de Operaciones Financieras.
9.	Operaciones financieras en las cuales no haya ejercido la opción establecida.

Anexo II. Operaciones de precios de transferencia	
10.	Realización de ajustes en el ejercicio actual que han modificado en más de un 20% el valor original de un tipo de transacción con partes relacionadas correspondientes a ejercicios anteriores para quedar pactadas como lo harían con o entre partes independientes en operaciones comparables.
11.	Realización de ajustes en el ejercicio actual que han modificado en más de $60,000,000 de pesos el valor original de un tipo de transacción con partes relacionadas correspondientes a ejercicios anteriores para quedar pactadas como lo harían con o entre partes independientes en operaciones comparables.
12.	Realización de ajustes en el ejercicio actual que han modificado en más de un 20% el valor original de un tipo de transacción con partes relacionadas correspondientes al ejercicio actual para quedar pactadas como lo harían con o entre partes independientes en operaciones comparables.
13.	Realización de ajustes que han modificado en más de $60,000,000 de pesos el valor original de un tipo de transacción con partes relacionadas correspondientes al ejercicio actual para quedar pactadas como lo harían con o entre partes independientes en operaciones comparables.
14.	Determinó costos y gastos con base en valores residuales de utilidad y/o efectuó pago de dichos gastos.

Anexo III. Participación en el capital y residencia fiscal	
15.	Cambio de socios o accionistas de manera directa.
16.	Cambio de socios o accionistas de manera indirecta.
17.	Enajenación de acciones.
18.	Realizó un cambio de residencia fiscal del extranjero a México.
19.	Obtención de residencia fiscal en México, además de mantenerla en otro país.
20.	Obtención de residencia fiscal en otro país, manteniendo su residencia en México.

Anexo IV. Reorganización y reestructuras	
21.	Reestructura o reorganización por enajenación de acciones.
22.	Realizó una centralización o descentralización de alguna de las siguientes funciones por parte del Grupo Económico al que pertenece: Compras; Tesorería; Logística; Cuentas por cobrar y/o cuentas por pagar; Nómina; y, Personal.
23.	Realizó algún cambio en su modelo de negocios a partir del cual realice o dejó de realizar alguna(s) de la(s) siguiente(s) función(es): Maquila o manufactura de bienes propiedad de un residente en el extranjero; Distribución o comercialización de bienes adquiridos de un residente en el extranjero; y, Servicios Administrativos Auxiliares a favor de un residente en el extranjero.

Anexo V. Otras operaciones relevantes	
24.	Enajenación de intangibles.
25.	Enajenación de un bien conservando algún tipo de derecho sobre dicho bien.
26.	Enajenación de activos financieros.
27.	Aportación de activos financieros a fideicomisos con el derecho a readquirir dichos activos.
28.	Enajenación de bienes por fusión o escisión.
29.	Operaciones con países que tienen un sistema de tributación territorial en las cuales haya aplicado beneficios de tratados para evitar la doble imposición en relación con el impuesto sobre la renta.
30.	Operaciones de financiamiento en las que se haya pactado que la exigibilidad de los intereses sea después de 1 año.
31.	Pago de intereses que provengan de operaciones de financiamiento, cuya exigibilidad fue pactada a más de 1 año.

32.	Registro de intereses devengados en la contabilidad, que provengan de operaciones financiamiento cuya exigibilidad de dichos intereses fue pactada a más de 1 año.
33.	Dividió pérdidas fiscales pendientes de disminuir en ejercicios anteriores con motivo de escisión.
34.	Le transmitieron pérdidas fiscales pendientes de disminuir de ejercicios anteriores divididas con motivo de escisión.
35.	Disminuyó pérdidas fiscales después de una fusión en términos del artículo 58 de la Ley del ISR vigente.
36.	Reembolsos de capital o pago de dividendos con recursos provenientes de préstamos recibidos.

Para todas las Operaciones Relevantes se solicita manifestar si la operación en cuestión se realizó: con partes relacionadas o no relacionadas; residentes en México o residentes en el extranjero; la fecha; y, el importe de la operación.

Una vez enunciadas las Operaciones Relevantes previstas por la Forma Oficial No. 76, resulta relevante analizar si su contenido se refiere a áreas específicas que el SAT ha identificado como riesgosas en materia de recaudación.

Esto se puede confirmar si se demuestra que mediante la implementación de dichas operaciones, los contribuyentes pueden erosionar la base imponible del Estado Mexicano, o bien, trasladar utilidades a regímenes fiscales preferentes, para diferir el pago del impuesto sobre la renta correspondiente.

Atendiendo al volumen de Operaciones Relevantes contenidas en la citada forma, a continuación se efectuará un breve análisis de algunas de dichas operaciones, a efecto de identificar si las mismas corresponden a posibles esquemas de elusión fiscal, los cuales constituirían áreas de riesgo específico en materia de recaudación.

Para tales efectos, se estudiarán las transacciones relativas a operaciones financieras derivadas (en adelante "OFDs") y operaciones de financiamiento, ya que este tipo de transacciones son las más utilizadas por las empresas a nivel internacional, y la implementación de este tipo de operaciones no suele ser complicada, ya que en algunas ocasiones basta con la celebración de contratos privados.

II.2.2.1. Terminación anticipada de OFDs

La Operación Relevante No. 8 obliga a los contribuyentes a informar la terminación anticipada que efectúen de OFDs.

La fracción I del artículo 16-A del CFF establece que se entenderán por OFDs, entre otras, aquéllas en las que una de las partes adquiere el derecho o la obligación de adquirir o enajenar a futuro mercancías, acciones, títulos, valores, divisas u otros bienes fungibles que coticen en mercados reconocidos, a un precio establecido al celebrarlas.

Continúa señalando el citado artículo 16-A del CFF que se consideran OFDs de deuda, aquéllas que estén referidas a tasas de interés, títulos de deuda o al Índice Nacional de Precios al Consumidor; asimismo, se entiende por OFDs de capital, aquéllas que estén referidas a otros títulos, mercancías, divisas o canastas o índices accionarios.

La fracción IV del artículo 20 de la Ley del ISR establece que, en el caso de OFDs[56], cuando los derechos u obligaciones consignadas en los títulos o contratos en los que conste una operación financiera derivada no se ejerciten a su vencimiento o durante el plazo de su vigencia, se considerará como ganancia o como pérdida, según se trate, la cantidad inicial que, en su caso, se haya percibido o pagado por la celebración de dicha operación o por

[56] Las OFDs previstas por el artículo 20 de la Ley del ISR se conocen comúnmente como OFDs "fiscales", ya que refieren a bienes subyacentes que cotizan en mercados reconocidos de conformidad con el artículo 16-C del CFF, tales como divisas.

haber adquirido posteriormente los derechos y obligaciones contenidas en la misma, según sea el caso[57].

En este sentido, el segundo párrafo del artículo 20 de la Ley del ISR establece que, para los efectos de la citada disposición, se consideran cantidades iniciales, los montos pagados a favor de la contraparte de la OFD por adquirir el derecho contenido en el contrato respectivo, sin que dicho pago genere interés alguno para la parte que la pague.

Considerando lo anterior, supongamos que la persona moral "A" (en adelante "PMA"), residente en México para efectos fiscales, celebra un contrato de *Forward*[58] con la persona moral "B" residente en el extranjero (en adelante "PMB"), a efecto de que PMA adquiera de PMB cierta cantidad pactada en dólares a cambio de cierta cantidad pactada en pesos.

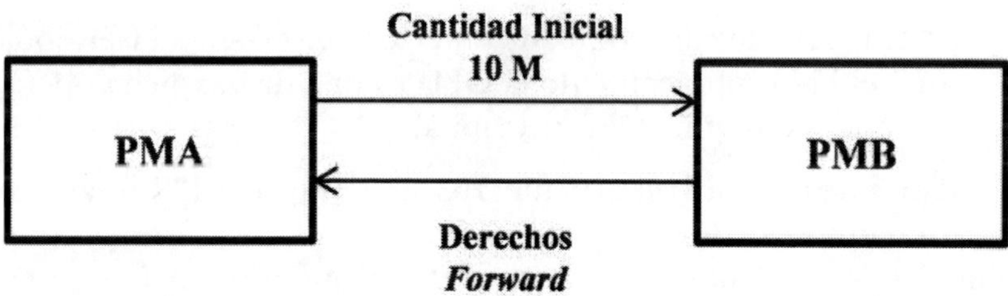

Continuando con el ejemplo, supongamos que, de conformidad con el contrato de *Forward*, PMA estuvo obligado a efectuar el pago de una cantidad inicial de $10 millones de dólares, sin

---

57 Si se hubiera llegado al vencimiento, la determinación de la pérdida o ganancia se deberá efectuar con base en la fracción II del artículo 20 de la Ley del ISR que regula aquellas operaciones que se liquiden en especie.

58 Un contrato de *forward* es un acuerdo entre las partes de celebrar operaciones personalizadas a futuro, con objeto de cubrirse de riesgos financieros.

obtener ningún interés por dicho pago, con objeto de adquirir el derecho contenido en el citado contrato.

En este sentido, de una aplicación estricta de la definición de "cantidad inicial" prevista por el artículo 22 de la Ley del ISR, PMA podrá considerar como una pérdida deducible, la cantidad de $10 millones de dólares pagada en favor de PMB, en caso de llevar a cabo la terminación anticipada del contrato de *Forward.*

Es importante señalar que la pérdida deducible señalada anteriormente, se pudiera considerar con independencia de la ganancia o pérdida que se determine anualmente por celebrar una OFD referida al tipo de cambio de una divisa, cuya mecánica se prevé por la fracción VIII del artículo 20 de la Ley del ISR y la regla 3.2.6. de la Resolución Miscelánea Fiscal para 2015 (en adelante "RMF"), y que también considera para la determinación de dicha pérdida o ganancia la cantidad inicial pagada[59].

Ahora bien, de conformidad con el artículo 16-A del CFF, toda vez que el bien subyacente de la OFD es una divisa, dicha operación califica como una OFD de capital.

Para estos efectos, el artículo 163 de la Ley del ISR establece que tratándose de OFDs de capital a que se refiere el artículo 16-A del CFF, se considera que la fuente de riqueza se encuentra en territorio nacional, cuando ocurran los siguientes dos supuestos:

a. Una de las partes que celebre dichas operaciones sea residente en México; y,

b. Sean referidos a acciones o títulos valor de los mencionados en el artículo 161 de la Ley del ISR.

---

59 Bajo una interpretación armónica y sistemática este doble efecto se deberá evitar, por lo cual, resulta recomendable reducir la pérdida deducible obtenida por la fracción IV del artículo 20 de la Ley del ISR, con los montos disminuidos de la cantidad inicial en términos de la fracción VIII del artículo 20 de la Ley del ISR y de la regla 3.2.6. de la RMF para 2015.

Al respecto, el artículo 161 de la Ley del ISR se refiere a acciones o títulos valor que representen la propiedad de bienes, sin hacer ninguna referencia a divisas. De esta manera, bajo una interpretación estricta, el ingreso que obtiene PMB por la cantidad inicial pagada por PMA no proviene de fuente de riqueza en territorio nacional, toda vez que la OFD correspondiente no se encontraba referida a acciones o a títulos valor.

Es importante señalar que dicha deducción podría crearse artificiosamente si el Grupo al que pertenece PMA, constituye a PMB (como una entidad con personalidad jurídica propia) en una jurisdicción donde este tipo de ingresos no sean gravados y cuidando no actualizar la reglas de Regímenes Fiscales Preferentes (en adelante "REFIPRES")[60] previstas en el Título VI de la Ley del ISR[61].

Considerando lo anterior, y atendiendo a la regla 3.19.1. de la RMF, el Grupo considerará la deducción a nivel de PMA en el ejercicio en el que termine anticipadamente la OFD, y acumulará el ingreso derivado de su participación en PMB, cuando dicha entidad se lo haya entregado vía dividendos.

Para que este esquema funcione, PMA deberá acreditar: i) la estricta indispensabilidad de la celebración de la OFD, por lo que deberá probar ante las autoridades fiscales la necesidad de cubrirse de un riesgo cambiario, así como ii) que la cantidad inicial pagada atiende a valores de mercado.

---

60 Se consideran ingresos sujetos a REFIPRES aquellos que no están gravados en el extranjero o lo están con un impuesto inferior al 75% del impuesto sobre la renta que se causaría y pagaría en México, en los términos de los Títulos II y IV de la Ley del ISR. No obstante, no se considerarán ingresos sujetos a REFIPRES los que se generen por una participación promedio por día en entidades extranjeras que no le permita al contribuyente tener el control efectivo de ellas o el control de su administración.

61 En la práctica, se suele constituir este tipo de entidades cediendo el control legal a otro vehículo que funge como administrador.

II.2.2.2. Exigibilidad y pago de intereses

Las Operaciones Relevantes Nos. 30, 31 y 32 exigen a los contribuyentes divulgar información relativa a operaciones de financiamiento en las que se haya pactado que la exigibilidad de intereses sea después de un año.

El artículo 1° de la Ley del ISR establece que están obligados al pago del impuesto sobre la renta, entre otros, las personas morales residentes en México, respecto de todos sus ingresos cualquiera que sea la ubicación de la fuente de riqueza de donde procedan.

Asimismo, el artículo 9 de la Ley del ISR señala que las personas morales residentes en México deben calcular el impuesto sobre la renta a su cargo, aplicando al resultado fiscal obtenido en el ejercicio la tasa corporativa vigente, que es del 30% para el ejercicio de 2015.

El artículo 16 del citado ordenamiento prevé una regla de acumulación general consistente en que las personas morales residentes en el país acumularán la totalidad de los ingresos en efectivo, en bienes, en servicio, en crédito o de cualquier otro tipo, que obtengan en el ejercicio, inclusive los provenientes de sus establecimientos en el extranjero.

Ahora bien, es importante señalar que la Ley del ISR establece reglas específicas de acumulación; para tales efectos, la fracción IX del artículo 18 de la Ley del ISR establece que las personas morales deberán acumular los ingresos por intereses en el momento en que éstos se devenguen, sin ajuste alguno.

Para tales efectos, conforme al artículo 8 de la Ley del ISR se consideran intereses, cualquiera que sea el nombre con el que se les designe, los rendimientos de créditos de cualquier clase.

En este sentido, una persona moral residente en México deberá considerar como ingreso acumulable a los intereses, en el momento en que éstos sean devengados.

De acuerdo con los postulados básicos de la Norma de Información Financiera (en adelante "NIF") A-2[62], el principio de "devengación contable" consiste en que los efectos derivados de las transacciones que lleva a cabo una entidad económica con otras entidades, de las transformaciones internas y de otros eventos, que le han afectado económicamente, deben reconocerse contablemente, en el momento en el que ocurren, independientemente de la fecha en que se consideren realizados para fines contables.

Contablemente el concepto de "realización" se debe entender como el momento en que se materializa el cobro o el pago de la partida en cuestión, lo cual sucede cuando se recibe efectivo o equivalentes, o bien, se intercambia dicha partida por derechos u obligaciones.[63]

Por lo que respecta a la deducción, la fracción VII del artículo 25 de la Ley del ISR, establece que las personas morales residentes en México podrán efectuar la deducción de los intereses devengados a cargo del ejercicio, sin ajuste alguno.

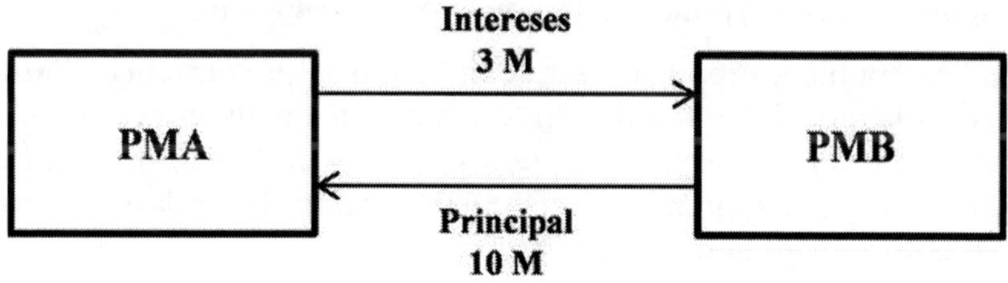

62 Instituto de Contadores Públicos, *Normas de Información Financiera (NIF 2014)*, IMCP (Instituto de Contadores Públicos), México, 2014, pp. 32-34.

63 Comisión de Análisis y Difusión de las Normas Financieras, *Postulados Básicos*, consultado el 25 de agosto de 2015 en: http://www.ccpm.org.mx/avisos/boletines/boletincontable25.pdf

Considerando lo anterior, supongamos que la persona moral "A" (en adelante "PMA") se quedó sin liquidez como consecuencia de sus operaciones y únicamente cuenta con activos fijos, por lo que solicita un préstamo de $10 millones de pesos, pagadero a 3 años, acordando una tasa de interés anual del 10% (exigible al finalizar el periodo), a la persona moral "B" (en adelante "PMB"). En nuestro ejemplo, ambas personas morales son residentes en México para efectos fiscales; no obstante, PMB pertenece a un grupo transnacional de empresas.

Considerando lo anterior, pese a que el monto total de intereses en cantidad de $3 millones de pesos será efectivamente recibido por PMB hasta el tercer año, PMB acumulará y, PMB deducirá, anualmente, la cantidad de $1 millón de pesos, por lo que las autoridades fiscales recibirán $300 mil pesos anuales por concepto de ISR, en cada ejercicio.

De lo anterior, resulta claro que en una operación de financiamiento celebrada entre dos personas morales residentes en México, la exigibilidad de los intereses resulta un dato irrelevante, toda vez que dichos contribuyentes reconocerán la acumulación y deducción correspondientes conforme a devengado.

Ahora bien, supongamos que el Grupo al que pertenece PMB desea invertir los 300 mil pesos que pagaría anualmente por concepto de ISR, en algún vehículo de inversión, por lo que busca implementar algún mecanismo que le permita diferir la acumulación durante el periodo del financiamiento.

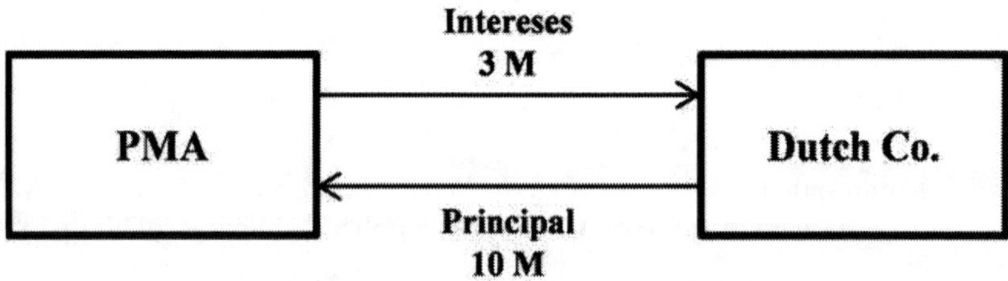

A efecto de lograr lo anterior, el Grupo transnacional al que pertenece PMB decide otorgar el préstamo a través de su empresa residente en Holanda para efectos fiscales (en adelante "Dutch Co."), jurisdicción que, como regla general, grava a los ingresos por intereses cuando éstos son efectivamente percibidos[64].

Considerando lo anterior, el artículo 153 de la Ley del ISR establece que están obligados al pago del impuesto sobre la renta conforme al Título V ("De los Residentes en el Extranjero con Ingresos Provenientes de Fuente de Riqueza en Territorio Nacional"), los residentes en el extranjero que obtengan ingresos en efectivo, en bienes, en servicios o en crédito provenientes de fuentes de riqueza situadas en territorio nacional.

Continúa señalando el artículo 153 en estudio que cuando el impuesto se pague mediante retención, el retenedor estará obligado a enterar una cantidad equivalente a la que debió haber retenido en la fecha de exigibilidad o al momento en que efectúe el pago, lo que suceda primero.

Ahora bien, el artículo 166 de la Ley del ISR establece que tratándose de ingresos por intereses se considerará que la fuente de riqueza se encuentra en territorio nacional cuando en el país se coloque o se invierta el capital, o cuando los intereses se paguen por un residente en el país o un residente en el extranjero con establecimiento permanente en el país.

Continúa señalando la citada disposición que se deberán considerar intereses, cualquiera que sea el nombre con que se les designe, entre otros, a los rendimientos de crédito de cualquier clase, con o sin garantía hipotecaria, y con derecho o no a participar en los beneficios.

---

64 Los ingresos acumulables suelen ser reconocidos por la legislación tributaria holandesa en el momento de realización. Deloitte, *Taxation and Investment in Netherlands,* consultado el 27 de noviembre de 2014 en: https://www2.deloitte.com/content/dam/Deloitte/global/Documents/Tax/dttl-tax-netherlandsguide-2015.pdf

En nuestro ejemplo, el capital proveniente del préstamo otorgado por Dutch Co. será invertido en México por PMA, por lo que se deberá considerar que los ingresos por intereses que perciba Dutch Co., provienen de fuente de riqueza ubicada en territorio nacional.

En este sentido, el artículo 166 referido señala que el impuesto se calculará aplicando a los intereses que obtenga el contribuyente, sin deducción alguna, la tasa que resulte aplicable a cada uno de los casos previstos por la disposición en estudio.

Esta tasa puede variar desde el 4.9% hasta el 40%, dependiendo del tipo de deuda, la naturaleza del residente en el extranjero que recibe los pagos, o bien, de la persona que efectúa dichos pagos.

Considerando lo anterior, toda vez que tanto el pago como la exigibilidad de los intereses se encuentra pactado hasta finalizar el plazo de 3 años, las autoridades fiscales mexicanas no recibirán cantidad alguna por concepto de impuesto sobre la renta durante dicho plazo –con independencia de la tasa de retención que resulte aplicable-, ya que PMA no se encuentra obligada a efectuar retención alguna por concepto de impuesto sobre la renta.

Ahora bien, supongamos que 6 meses antes de que sea exigible el pago de intereses, Dutch Co. requiere de liquidez para invertir en un proyecto de reciente creación, por lo que su órgano administrativo decide enajenar en favor de PMB los derechos correspondientes al crédito (principal más intereses) celebrado con PMA, a cambio de una contraprestación de $10 millones de pesos.

Toda vez que el monto que obtiene Dutch Co. por la enajenación del crédito ($10 M) es igual al monto que recibió PMA ($10 M), Dutch Co. no genera ninguna ganancia por enajenación del préstamo de conformidad con el artículo 166 de la Ley del ISR

No obstante, el último párrafo del artículo 18 del citado ordenamiento señala que tratándose de intereses devengados por residentes en el extranjero (Dutch Co.), cuyos derechos sean transmitidos a un residente en México (PMB), se considerarán ingresos acumulables cuando éste (PMB) reciba dichos derechos, excepto en el caso en que se demuestre que los residentes en el extranjero pagaron el impuesto a que se refiere el artículo 166 de la Ley del ISR –situación que en nuestro caso no acontece-, por lo que PMB deberá acumular los intereses que devengó Dutch Co. hasta la fecha de cesión de derechos.

Es decir, de conformidad con el último párrafo del artículo 18 de la Ley del ISR, al momento de adquirir los derechos correspondientes al citado préstamo, PMB deberá reconocer como ingreso acumulable el monto total de intereses devengados a cargo de PMA, toda vez que Dutch Co. no pagó el impuesto sobre la renta correspondiente en términos del artículo 166 de la Ley del ISR.

En otras palabras, Dutch Co. no pagó impuesto sobre la renta alguno por los intereses devengados a cargo de PMA, ya que la época de pago prevista por el artículo 153 de la Ley del ISR nunca se actualizó (exigibilidad y/o pago); de esta manera, los intereses devengados no pagados del crédito fueron reconocidos por PMB al momento de su adquisición, de conformidad con el último párrafo del artículo 18 de la Ley del ISR.

Como se puede observar, la mecánica en estudio permite al Grupo transnacional al que pertenece PMB, diferir artificiosamente el pago del impuesto sobre la renta en México y tomar la deducción anual de los intereses devengados en una de sus subsidiarias (PMA).

Del análisis a las Operaciones Relevantes Nos. 8, 30, 31, 32 y 33, prevista por la Forma Oficial No. 76, se puede concluir que la información relativa a dichas operaciones se solicita a efecto de identificar posibles esquemas de elusión fiscal, mismos que permiten a los contribuyentes diferir ingresos en materia de impuesto sobre la renta, por lo que constituyen áreas de riesgo específico para las autoridades fiscales de nuestro país.

Considerando lo anterior, se puede concluir que nuestra "regla de divulgación obligatoria" establece supuestos específicos de divulgación de acuerdo con la Acción 12 de BEPS.

II.2.3. Límites o precondiciones a los supuestos

De acuerdo con la Acción 12 de BEPS, a efecto de que las autoridades fiscales obtengan información de las operaciones que consideren material y sustancialmente relevantes, se suele establecer un "límite" o "precondición" que se debe satisfacer antes de evaluar si se actualiza alguno de los supuestos u operaciones contempladas por la regla en cuestión.

La "precondición" que se utiliza comúnmente en el ámbito internacional se conoce como "*main benefit test*" ("evaluación del beneficio principal" en idioma español), misma que se cumple cuando el beneficio principal de llevar a cabo una operación consiste en la disminución de la carga tributaria de una o más de las partes involucradas.

Una segunda "precondición" se identifica como "*de-minimis*", la cual sirve para remover pequeñas operaciones que se encuentren por debajo del valor establecido para tales efectos por las autoridades fiscales.

El artículo 31-A del CFF no establece un "límite" o "precondición" cuyo cumplimiento exima a los contribuyentes de la obligación de reportar las Operaciones Relevantes previstas en la Forma Oficial No. 76.

No obstante, con fecha 28 de marzo de 2015, fue publicada la "*Segunda Resolución de Modificaciones a la Resolución Miscelánea Fiscal para 2015*", misma que modificó la regla 2.8.1.16. de la RMF, a efecto de eximir de la obligación de presentar la información prevista por la Forma Oficial No. 76, a los contribuyentes, distintos de aquellos que componen el sistema financiero[65], que realicen operaciones cuyo monto acumulado en el periodo[66] de que se trate sea inferior a 60 millones de pesos y cuando éstos no hubieran realizado en dicho periodo las operaciones descritas en la citada forma oficial.

De esta forma, resulta claro que las autoridades fiscales buscaron adicionar una evaluación "*de-minimis*" a través de la regla 2.8.1.16. de la RMF para 2015, toda vez que dicha precondición no se incorporó por el legislador en el artículo 31-A del CFF.

Como será detallado en el siguiente capítulo, no resulta claro cómo se debe efectuar la evaluación *de-minimis*, ya que en la regla 2.8.1.16. de la RMF no se establece qué monto debe ser sometido a evaluación para cada una de las Operaciones Relevantes.

Finalmente, las disposiciones fiscales en México no contemplan alguna "evaluación del beneficio principal" de la operación; es decir, la "regla de divulgación obligatoria" prevista por el artículo 31-A del CFF, no establece como una precondición para divulgar dichas operaciones, que el beneficio principal de su celebración consista en la disminución de la carga impositiva de las partes involucradas.

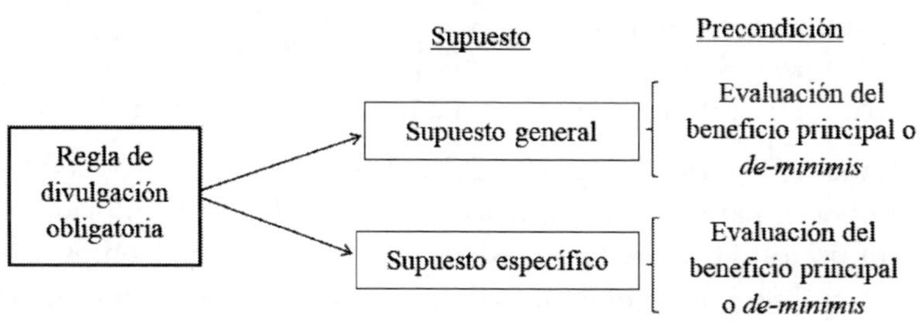

65 El tercer párrafo del artículo 7 de la Ley del ISR, establece qué tipo de entidades componen el sistema financiero para efectos de impuesto sobre la renta.

66 La regla 2.8.1.16. de la RMF para 2015 establece la opción de divulgar dicha información en un periodo trimestral, el cual será detallado más adelante.

II.3. ¿CUÁNDO SE DEBE REPORTAR?

De acuerdo con la Acción 12 de BEPS, si el objetivo principal de una "regla de divulgación obligatoria" es obtener información oportuna de esquemas de elusión fiscal -así como de los contribuyentes que los implementan- a efecto de estar en posibilidad de desincentivar el uso de dicho esquemas, el plazo para divulgar la información deberá ser lo más rápido posible, con objeto de que las autoridades fiscales puedan actuar de manera inmediata.

Si los asesores fiscales son los obligados a reportar de conformidad con la "regla obligatoria de divulgación", el plazo deberá vincularse al momento en que dichos asesores ponen a disposición del contribuyente la planeación fiscal agresiva correspondiente; lo anterior, permitirá a las autoridades fiscales actuar rápidamente para evitar la implementación de los esquemas referidos.

No obstante, en caso de que los contribuyentes sean los obligados principales a reportar, es preferible vincular el plazo con la implementación del esquema, y no con la fecha en que sus asesores le propusieron la planeación fiscal agresiva.

Dicho lo anterior, el artículo 31-A del CFF establece que los contribuyentes están obligados a presentar información de las Operaciones Relevantes previstas por la Forma Oficial No. 76, dentro de los 30 días siguientes a aquél en el que se celebraron.

Cabe señalar que la regla 2.8.1.16. de la RMF para 2015 establece una opción para que los contribuyentes divulguen la información en un periodo trimestral. En este sentido, los contribuyentes deberán manifestar las Operaciones Relevantes que se hubieren celebrado en el trimestre de que se trate, conforme al siguiente calendario:

Declaración del mes:	**Fecha límite en que se debe presentar:**
Enero, febrero y marzo	Último día del mes de mayo de 2015
Abril, mayo y junio	Último día del mes de agosto de 2015
Julio, agosto y septiembre	Último día del mes de noviembre de 2015
Octubre, noviembre y diciembre	Último día del mes de febrero de 2016

Como se puede apreciar, la fecha límite en que los contribuyentes deben presentar la información referida por el artículo 31-A del CFF, se vincula con la celebración (implementación) de las Operaciones Relevantes en cuestión.

II.4. ¿QUÉ OTRAS OBLIGACIONES SE ESTABLECEN A CARGO DE LOS USUARIOS Y PROMOTORES?

De acuerdo con la OCDE, las obligaciones adicionales que se pueden establecer a cargo de los promotores o usuarios de posibles esquemas de planificación fiscal agresiva se resumen en las siguientes dos: i) el uso de un esquema de referencia numérica que permita a las autoridades fiscales identificar qué contribuyentes han utilizado un esquema de planeación fiscal específico; y, ii) la entrega de una lista que contenga a los clientes que han implementado dichos esquemas.

En la Acción 12 de BEPS se precisa que las obligaciones adicionales no resultan necesarias en aquellos regímenes que establezcan la obligación de divulgar tanto al asesor como al contribuyente (regímenes de divulgación mixtos).

Al respecto, es importante señalar que nuestra legislación no contempla alguna obligación adicional a cargo de los contribuyentes o de sus asesores fiscales.

Es decir, conforme a las disposiciones fiscales vigentes, los contribuyentes no están obligados a manifestar en su declaración anual –o en cualquier otra- algún esquema de planeación que hubiese sido identificado por el SAT; de igual forma, los asesores fiscales no se encuentran obligados a entregar a dichas autoridades, una lista con los clientes que hayan implementado este tipo de esquemas.

II.5. ¿CUÁLES SON LAS CONSECUENCIAS DEL INCUMPLIMIENTO?

De conformidad con la Acción 12 de BEPS, los contribuyentes o asesores que incumplan con informar las operaciones previstas por una "regla de divulgación obligatoria" deberán ser sancionados.

La sanción más común son penas monetarias. La estructura y cuantía de este tipo de penas varía en cada jurisdicción dependiendo del tipo de contribuyente y operación. La OCDE recomienda implementar penas monetarias en caso de incumplir con una "regla de divulgación obligatoria"; no obstante, deja en libertad a los Estados para introducir cualquier otra sanción –incluyendo penas no monetarias- que sean armónicas con su legislación tributaria.

El artículo 31-A del CFF establece dos causales de incumplimiento:

1. No presentar la Forma Oficial No. 76 ante las autoridades fiscales dentro del plazo de 30 días establecido por la citada disposición, mismo que se modifica a un plazo trimestral en términos de la regla 2.8.1.16. de la RMF.

2. Presentar la información de forma incompleta o con errores. Si es así, los contribuyentes tienen un plazo de 30 días contado a partir de la notificación de la autoridad, para complementar o corregir la información presentada. En caso de no haber presentado la información conducente o ésta se presente con errores, se tendrá por incumplida la obligación prevista por el artículo 31-A del CFF.

Es importante señalar que el artículo 31-A del CFF no establece cuáles son las consecuencias de incumplir con la citada obligación; sin embargo, de un análisis exhaustivo a las disposiciones fiscales vigentes, se pueden identificar las siguientes consecuencias de incumplimiento:

- ***Contratación de servicios u obra pública***

La fracción IV del artículo 32-D del CFF establece que la Administración Pública Federal, Centralizada y Paraestatal, así como la Procuraduría General de la República, en ningún caso, contratarán adquisiciones, arrendamientos, servicios u obra pública con los particulares que, habiendo vencido el plazo para presentar alguna declaración, provisional o no, y con independencia de que en la misma resulte o no cantidad a pagar, ésta no haya sido presentada. Lo dispuesto en esta fracción también aplicará a la falta de cumplimiento de lo dispuesto en el artículo 31-A del CFF.

En relación con lo anterior, resulta claro que una de las consecuencias de incumplir con la presentación de la Forma Oficial No. 76, consiste en que los contribuyentes no podrán contratar adquisiciones, arrendamientos, servicios u obra pública con la Administración Pública Federal, Centralizada y Paraestatal.

Es importante señalar que la sanción en estudio recae sobre un sector perfectamente delimitado de contribuyentes, sin que exista algún criterio de racionalidad que ampare la incorporación de dicha distinción, por lo que pareciera ser que, en condiciones análogas, el CFF no prevé sanciones idénticas.

En caso de incumplir con la presentación de la Forma Oficial No. 76, los contribuyentes contarán con un plazo de quince días para corregir su situación fiscal, a partir del día siguiente a aquél en que la autoridad les notifique la irregularidad detectada.

- ***Estímulos Fiscales***

El quinto párrafo del artículo 32-D del CFF señala que los particulares tendrán derecho al otorgamiento de subsidios o estímulos previstos en los ordenamientos aplicables, siempre que no se ubiquen en, entre otros, el supuesto relativo a la falta de cumplimiento de lo dispuesto por el artículo 31-A del CFF.

De lo anterior, se desprende que la falta de presentación de la Forma Oficial No. 76, tiene como consecuencia directa que los contribuyentes no podrán beneficiarse por los subsidios o estímulos fiscales previstos por los ordenamientos legales aplicables.

El estímulo fiscal es un subsidio económico concedido por ley al sujeto pasivo de un impuesto, con el objeto de obtener de él ciertos fines parafiscales, que no representa un desvanecimiento de la obligación tributaria, sino que ésta es asumida por el Estado[67].

Esto es, el estímulo fiscal es un beneficio erogado por el Estado en sustitución de la obligación tributaria del contribuyente que realiza actividades de naturaleza parafiscal, con la finalidad de incrementar sus ingresos disponibles, y cuyo fin es que se encuentren solventes para continuar desahogando dichas cargas públicas[68].

No obstante que existe una pluralidad de subsidios y estímulos fiscales previstos por diversos cuerpos normativos y decretos, resulta relevante destacar que el Título VII ("De los Estímulos Fiscales") de la Ley del ISR, incluye un catálogo de estímulos fiscales que no podrán ser aplicados por los contribuyentes que omitan presentar la Forma Oficial No. 76.

A continuación se señalan algunos de los estímulos fiscales que suelen ser utilizados por los contribuyentes, de manera más recurrente, para llevar a cabo inversiones en nuestro país:

i. *Fideicomisos dedicados a la adquisición o construcción de inmuebles*: comúnmente conocidos como "FIBRAS", que permiten a los contribuyentes 1) diferir el ISR que, en su caso, se llegue a determinar por la aportación de los inmuebles afectos al patrimonio del fideicomiso; 2) evitar la obligación de efectuar pagos provisionales de ISR; 3) en el caso

---

67 *Semanario Judicial de la Federación,* 9a. Época; T.C.C.; S.J.F. y su Gaceta; Tomo XXI, Enero de 2005; Pág. 1566. V.4o. J/1.

68 *Idem.*

de FIBRAS públicas, la enajenación de los certificados de participación correspondientes, se encuentra exenta del pago del 10% de ISR adicional que, desde 2014, grava como regla general a las enajenaciones de bienes que coticen en bolsas de valores.

ii. *De los Contribuyentes dedicados a la construcción y enajenación de desarrollos inmobiliarios*: dicho estímulo permite a los desarrolladores inmobiliarios deducir el costo de adquisición de los terrenos, en el momento en el que los adquieran, y no hasta su venta.

iii. *De la Promoción de la Inversión en Capital de Riesgo en México*: este tipo de fideicomisos deben invertir sus recursos en sociedades mexicanas que no coticen en bolsa, o bien, otorgar financiamiento a dichas empresas, y el beneficio principal consiste en asegurar la transparencia fiscal del fideicomiso[69].

De igual forma que en el caso de contrataciones con la administración pública, en caso de incumplir con la obligación contenida en el artículo 31-A del CFF, los contribuyentes contarán con un plazo de quince días para corregir su situación fiscal, a partir del día siguiente a aquél en que la autoridad les notifique la irregularidad detectada.

- ***Opinión de cumplimiento***

La regla 2.1.35. de la RMF para 2015 establece el procedimiento que debe observarse para la obtención de la opinión de cumplimiento de obligaciones fiscales; la cual, se generará atendiendo a la situación fiscal de los contribuyentes, por lo que ésta puede

---

69 La transparencia fiscal de un fideicomiso implica que los fideicomisarios y/o fideicomitentes reconocen directamente los efectos fiscales derivados de las operaciones que realizan a través del fideicomiso, de conformidad con el título de la Ley del ISR que les corresponda.

obtenerse: en un sentido negativo, si se incumple con las obligaciones fiscales correspondientes; o positivo, si se cumple con dichas obligaciones fiscales.

Al respecto, la fracción IV, inciso a), numeral 2, de la regla en estudio, señala que la autoridad, a fin de emitir la opinión de cumplimiento de obligaciones fiscales, revisará que el contribuyente solicitante se encuentre al corriente en el cumplimiento de sus obligaciones fiscales en el ejercicio en el que solicita la opinión y en los cuatro últimos ejercicios anteriores a éste, respecto de la presentación de pagos provisionales de ISR, impuesto empresarial a tasa única[70] y retenciones de ISR por salarios, así como de los pagos definitivos del impuesto al valor agregado y IEPS; incluyendo diversas declaraciones informativas, entre las que se encuentra la referida por el artículo 31-A del CFF.

En este sentido, el incumplimiento de la presentación de la Forma Oficial No. 76 prevista por el artículo 31-A del CFF, tendrá como consecuencia que los contribuyentes no obtendrán una opinión positiva de cumplimiento de sus obligaciones fiscales.

La opinión de cumplimiento es requerida por las entidades y dependencias que tengan a su cargo la aplicación de subsidios o estímulos, para cerciorarse de las obligaciones fiscales de los contribuyentes, excepto en aquellos casos que no tengan obligación de inscribirse en el R.F.C. o cuando se otorgue un subsidio o estímulo hasta por $30,000 pesos, de conformidad con la regla 2.1.26. de la RMF para 2015.

De igual forma, las personas morales requieren la citada opinión para poder presentar el aviso por suspensión de activida-

---

70 La Ley del Impuesto Empresarial a Tasa Única estuvo en vigor hasta el 31 de diciembre de 2013. Considerando que la opinión de cumplimiento abarca el ejercicio en el que se solicita la opinión y los cuatro últimos ejercicios anteriores a éste, se deberá estar al corriente con las obligaciones previstas en el ordenamiento referido de los ejercicios fiscales de 2010 a 2014.

des[71], las FIBRAS la requieren en algunos casos para llevar a cabo su registro ante las autoridades fiscales[72], y es un documento comúnmente requerido en los procesos de *Due Diligence* fiscal que se efectúan a las empresas para revisar su situación fiscal.

- ***Multas Formales***

El CFF vigente al 31 de diciembre de 2015 no contempla una multa formal específica para el caso del artículo 31-A del CFF; de esta manera, hasta el ejercicio fiscal de 2015, se debe acudir a la multa general que regula la omisión en la presentación de declaraciones informativas.

La fracción I del artículo 81 del CFF establece que es una infracción, entre otras, no presentar las declaraciones, las solicitudes, los avisos o las constancias que exijan las disposiciones fiscales, o no hacerlo a través de los medios electrónicos que señale la Secretaría de Hacienda y Crédito Público (en adelante "SHCP") o presentarlos a requerimiento de las autoridades fiscales. No cumplir los requerimientos de las autoridades fiscales para presentar alguno de los documentos o medios electrónicos a que se refiere esta fracción, o cumplirlos fuera de los plazos señalados en los mismos.

Por su parte, la fracción I, inciso d) del artículo 82 del CFF señala que se impondrá una multa de $11,240 pesos a $22,500 pesos, por no presentar las declaraciones en los medios electrónicos estando obligado a ello, presentarlas fuera del plazo o no cumplir con los requerimientos de las autoridades fiscales para presentarlas o cumplirlos fuera de los plazos señalados en los mismos.

De lo anterior, se puede observar que, hasta el ejercicio fiscal de 2015, la multa formal por no presentar la Forma Oficial No. 76 oscila entre las cantidades de $11,240 pesos y $22,500 pesos.

---

71 Regla 2.5.14. de la RMF para 2015.

72 Regla 3.21.3.4. de la RMF para 2015.

No obstante, mediante el "DECRETO por el que se reforman, adicionan y derogan diversas disposiciones de la Ley del Impuesto sobre la Renta, de la Ley del Impuesto Especial sobre Producción y Servicios, del Código Fiscal de la Federación y de la Ley Federal de Presupuesto y Responsabilidad Hacendaria" (en adelante "Reforma Fiscal para 2016"), se adicionó la fracción XL al artículo 81 del CFF, a efecto de considerar, como una infracción, no proporcionar la información a que se refiere el artículo 31-A del CFF.

Adicionalmente, a través de la citada reforma se incorpora la fracción XXXVII al artículo 82 del CFF, para señalar que la multa por incumplir con la obligación de divulgar Operaciones Relevantes oscilará entre los $140,540 pesos y $200,090 pesos.

Como se puede apreciar, a través de la Reforma Fiscal para 2016, se incorporó una multa específica en caso de incumplir con el "régimen de divulgación obligatoria" contemplado por el artículo 31-A del CFF, cuyo monto resulta considerablemente mayor a la multa general antes mencionada.

De lo anterior, se puede observar que nuestra legislación tributaria prevé sanciones monetarias y no monetarias, como consecuencia de incumplir con la presentación de la Forma Oficial No. 76.

En el siguiente capítulo se analizará con mayor detalle la idoneidad de este tipo de sanciones al amparo de las recomendaciones de la acción 12 de BEPS, considerando que las mismas son fácilmente subsanables por los contribuyentes.

II.6. ¿CUÁLES SON LAS CONSECUENCIAS DEL CUMPLIMIENTO?

La Acción 12 de BEPS señala que el hecho de que una operación sea "reportable" no implica que involucre un esquema de "elusión fiscal". De igual forma, el hecho de que los contribuyentes o asesores reporten la información correspondiente ante las autoridades fiscales, no significa que éstas acepten la operación relevante divulgada.

Por lo anterior, se recomienda que los países sean explícitos en su legislación doméstica respecto de las consecuencias de reportar posibles esquemas u operaciones de elusión fiscal.

Nuestra legislación tributaria no señala expresamente cuáles son las consecuencias de cumplimiento, ni cómo será utilizada la información requerida a través de la Forma Oficial No. 76, situación que coloca a los contribuyentes en un evidente estado de incertidumbre jurídica, tal y como será analizado con mayor detalle en el Capítulo IV de la presente obra.

No obstante, resulta importante analizar si bajo algún método de interpretación jurídica se puede encontrar algún elemento que brinde más claridad a las intenciones que tenga el SAT respecto de la información que le sea reportada a través de la forma oficial en estudio.

Al respecto, el artículo 5 del CFF establece que las disposiciones fiscales que establezcan cargas a los particulares y las que señalan excepciones a las mismas, así como las que fijan las infracciones y sanciones, son de aplicación estricta. Se considera que establecen cargas a los particulares las normas que se refieren al sujeto, objeto, base, tasa o tarifa.

Continúa señalando la disposición referida que las otras disposiciones fiscales se interpretarán aplicando cualquier método de interpretación jurídica.

El artículo 31-A del CFF establece una "régimen de divulgación obligatoria" a los contribuyentes, por lo que no se actualiza algún supuesto por el que deba aplicarse estrictamente dicha disposición en términos del artículo 5 del CFF; derivado de lo anterior, el citado artículo se puede interpretar aplicando cualquier método de interpretación jurídica.

A efecto de estar en posibilidad de definir cuáles son las consecuencias de cumplimiento, así como el destino de la información divulgada, resulta relevante efectuar una interpretación auténtica del artículo 31-A del CFF, entendida como aquella que atribuye significado a una disposición en función de la "Exposición de Motivos" de la ley.

Para estos efectos, la Exposición de Motivos de la Reforma Hacendaria para 2014, que dio origen a la citada disposición, establece a la literalidad lo siguiente:

> **"Revelación de información**
>
> Con el objeto de que la administración tributaria ejerza sus funciones de manera efectiva y eficiente, es fundamental que cuente con información relevante de manera oportuna, por lo que, **considerando la eliminación del requisito de presentar dictamen formulado por contador público**, mediante el cual determinados contribuyentes proporcionaban a la autoridad fiscal información sobre distintos rubros, es necesario que la autoridad supla parte de dicha información a través de solicitudes que haga a los contribuyentes.
>
> Por lo anterior, se propone incluir el artículo 31-A del Código Fiscal de la Federación, el cual se refiere a la información que deben presentar los contribuyentes en las formas oficiales que aprueben las autoridades fiscales en un plazo de treinta días posterior a que se hayan celebrado las operaciones en ellas señaladas.
>
> De no cumplir con esta obligación, además de las sanciones que correspondan por no llevar la contabilidad conforme al Código Fiscal de la Federación, se propone que dichos contribuyentes se incluyan entre aquellos que no pueden contratar adquisiciones, arrendamientos, servicios u obra pública con la Administración Pública Federal, Centralizada y Paraestatal, así como con la Procuraduría General de la República. En este sentido se reforma el artículo 32-D del citado código tributario."
>
> (Énfasis añadido)

De conformidad con lo citado anteriormente, el Ejecutivo Federal manifiesta que, con motivo de la eliminación del requisito de presentar el dictamen formulado por contador público –contenido en el artículo 32-A del CFF vigente hasta el 31 de diciembre de 2013-, mediante el cual determinados contribuyentes proporcionaban al SAT información sobre distintos rubros, se propone incluir la obligación de informar las Operaciones Relevantes en estudio.

Es decir, conforme a una interpretación auténtica del artículo 31-A del CFF, se puede señalar que las autoridades fiscales utilizarán la información que reciban a través de la Forma Oficial No. 76, para suplir parcialmente la información que dejarán de percibir por eliminar la obligatoriedad de presentar el dictamen fiscal[73].

Resulta relevante destacar que en la propia Exposición de Motivos se reconoce que el dictamen fiscal, como medio de fiscalización al servicio de la autoridad, no ha cumplido con el objetivo para el que fue creado[74], mismo que consistía en fungir como medio para facilitar a la autoridad hacendaria la fiscalización y otorgar certeza a los contribuyentes en el cumplimiento de sus obligaciones tributarias, por lo que no queda claro, en primer lugar, por qué se desea suplir información de un esquema informativo ineficiente.

En segundo lugar, a través de la Reforma Hacendaria para 2014, se adicionó el artículo 32-H del CFF, mismo que prevé una nueva obligación a cargo de los contribuyentes de presentar una declaración informativa de su situación fiscal, la cual deberá presentarse por aquellos contribuyentes que sean competencia de la

---

73 El dictamen fiscal aún puede presentarse opcionalmente por los contribuyentes de conformidad con el artículo 32-A del CFF, conservando algunos beneficios como la "revisión secuencial". En términos de Alil Álvarez-Alcalá, la revisión secuencial es el beneficio que obtienen los contribuyentes que dictaminan sus estados financieros para efectos fiscales, consistente en que las autoridades fiscales primero revisan el dictamen y sólo si los documentos proporcionados por el dictaminador no son suficientes (o no se presentan documentos), pueden ejercerse directamente facultades de comprobación al contribuyente. *Cfr.* Álvarez-Alcalá, Alil, *op. cit.*, pp. 115-117.

74 Lo anterior, se demuestra por el hecho de que el número de auditorías a contribuyentes dictaminados que ha concluido sin observaciones no supera en promedio 2% en los últimos 4 años.

Administración General para Grandes Contribuyentes y que se encuentren en los supuesto contemplados en dicha disposición.

Esta nueva obligación informativa prevista en el artículo 32-H del CFF parece suplir al dictamen fiscal obligatorio, máxime que el último párrafo del artículo 32-A del CFF –ahora dictamen fiscal opcional- señala que los contribuyentes que ejerzan la opción a que se refiere dicha disposición, tendrán por cumplida la obligación de presentar la declaración informativa sobre su situación fiscal referida por el artículo 32-H del CFF, supletoriedad que no resulta aplicable respecto de la obligación de informar Operaciones Relevantes prevista por el artículo 31-A del CFF.

En tercer lugar, los contribuyentes obligados a presentar la información referida por el artículo 31-A del CFF, son distintos de aquellos que se encontraban obligados a dictaminar sus estados financieros para efectos fiscales, pues como se señaló anteriormente cualquier contribuyente que realice una Operación Relevante prevista en la Forma Oficial No. 76 se encuentra vinculado por el artículo 31-A del CFF, mientras que el dictamen fiscal obligatorio se presentaba por contribuyentes perfectamente delimitados, ya sea por su nivel de ingresos, cantidad de trabajadores, régimen de tributación, entre otros.

Considerando lo anterior, se puede concluir que el señalamiento incluido en la Exposición de Motivos de la Iniciativa de reforma al CFF, relativo a que la adición del artículo 31-A del CFF se efectúa con la finalidad de suplir parte de la información que dejaría de recibir por eliminar el requisito de presentar estados financieros dictaminados, resulta infundado.

De esta forma, nuestra legislación no contempla cuáles serán las consecuencias de cumplir con la presentación de la Forma Oficial No. 76, ni cómo será utilizada la información recibida por las autoridades fiscales competentes.

Ya ha sido analizado el contenido de la “regla de divulgación obligatoria” prevista por el artículo 31-A del CFF, a la luz de las preguntas estructurales referidas en la Acción 12 de BEPS, a continuación se analizará si nuestra regulación atiende a las recomendaciones publicadas por la OCDE y, en caso negativo, se propondrán modificaciones para mejorar dicha norma.

Capítulo III.

Implementación de la Acción 12 de BEPS en México

En el primer capítulo se detallaron los objetivos y principios que deben de tener las "reglas de divulgación obligatoria" de acuerdo con la OCDE, y en el capítulo anterior fue analizado el contenido del artículo 31-A del CFF de acuerdo con la estructura referida por la Acción 12 de BEPS. El presente capítulo tiene como objetivo definir si la obligación de reportar las Operaciones Relevantes prevista por la citada disposición cumple con las recomendaciones estructurales, objetivos y principios planteados por la OCDE a través del Plan de Acción de BEPS.

Es importante aclarar que el enfoque de las recomendaciones realizadas por la OCDE se caracteriza por tener un claro sesgo en favor de las autoridades tributarias de los Estados; es por esto, que algunas de las recomendaciones pudieran parecer excesivas desde la perspectiva del contribuyente. La presente obra no tiene como objetivo analizar detalladamente la viabilidad de cada una de las recomendaciones efectuadas por el organismo referido, ya que este análisis amerita un trabajo independiente mucho más cuidadoso, ni presupone una aceptación categórica de las recomendaciones efectuadas por la OCDE.

No obstante, resulta relevante definir si México atendió a los acuerdos que, en materia de divulgación de información obligatoria, fueron consumados en el ámbito internacional a través del Plan de Acción de BEPS, ya que dichas recomendaciones fueron diseñadas para lograr la efectividad de los "regímenes de divulgación obligatoria", los cuales generan beneficios importantes en materia de recaudación para los Estados.

En caso de concluir que las recomendaciones efectuadas por la OCDE no fueron atendidas por nuestra legislación, se propondrán las modificaciones conducentes, mismas que deberán ser analizadas en una obra independiente a efecto de que su incorporación no vulnere los derechos humanos de los contribuyentes, así como cualquier otro derecho que les confiera nuestra legislación.

III.1. EVALUACIÓN DEL CUMPLIMIENTO DE LAS RECOMENDACIONES ESTRUCTURALES

III.1.1. ¿Quién debe reportar?

En nuestro país, la obligación de informar las Operaciones Relevantes previstas por la Forma Oficial No. 76 reside únicamente en los contribuyentes; es decir, en los usuarios de los posibles esquemas de elusión fiscal.

A través de la Acción 12 de BEPS, la OCDE recomienda que toda "regla de divulgación obligatoria" deberá incorporar obligaciones de reporteo a cargo de los promotores de los esquemas de planificación fiscal agresiva, ya sea como los principales sujetos obligados u otorgándoles un papel secundario; lo anterior, debido a que son los promotores quienes cuentan con más información y entendimiento del posible esquema de elusión fiscal.

Incorporar a los promotores como sujetos obligados a reportar, puede influir en su conducta y lograr una reducción en la oferta del mercado de elusión fiscal[75].

Cuando la obligación recae principalmente en los promotores, éstos son los sujetos obligados a cumplir con la "regla de divulgación obligatoria", y si dicha declaración es presentada correcta-

---

75 Resulta relevante destacar que este efecto también se puede lograr en la demanda del mercado, cuando las obligaciones derivadas de la "regla de divulgación obligatoria" recaen sobre ambas partes (promotores y usuarios).

mente, como regla general, los contribuyentes no deben divulgar información alguna a las autoridades fiscales.

Algunas excepciones señaladas por BEPS relativas a imponer obligaciones a cargo de los promotores consisten en: i) que el promotor resida en el extranjero para efectos fiscales; ii) que el esquema no haya sido planteado por un promotor; o bien, iii) que la legislación correspondiente otorgue privilegios a los promotores para no reportar la información en comento. En estos casos, serán los contribuyentes quienes se encuentren obligados a divulgar los esquemas de planificación fiscal agresiva en comento.

Ahora bien, algunos países miembros de la OCDE como Canadá y Estados Unidos establecen "reglas de divulgación obligatoria" mixtas, en la que la obligación de divulgar recae tanto en los promotores como en los usuarios. Uno de los beneficios de este tipo de reglas consiste en reducir el riesgo de divulgaciones inadecuadas, debido a que ambos reportes deben coincidir sustancialmente; no obstante, es importante tener en cuenta que este tipo de reportes mixtos genera mayores costos de transacción para todas las partes involucradas (usuarios, promotores y autoridades tributarias).

De igual forma, obligar a los contribuyentes a reportar puede lograr influir en su conducta y, como consecuencia, restringir la demanda del mercado de elusión fiscal.

En este sentido, la OCDE recomienda a cada jurisdicción definir si la "regla de divulgación obligatoria" obligará únicamente a los promotores, o bien, a los promotores y contribuyentes.

En el caso de México, la obligación de divulgar Operaciones Relevantes prevista en el artículo 31-A del CFF, no establece obligación alguna a cargo de los promotores, situación que contraviene las recomendaciones previstas por la OCDE e impide identificar a los oferentes de este tipo de esquemas en el mercado.

Considerando lo anterior, resulta recomendable modificar el artículo 31-A del CFF a efecto de establecer, en mayor o menor medida, obligaciones a cargo de los promotores de esquemas de planificación fiscal agresiva en México, lo que convertiría a nuestra "regla de divulgación obligatoria" en un esquema de divulgación mixto.

Es importante señalar que el artículo 36 de la Ley Reglamentaria del artículo 5° Constitucional, relativo al Ejercicio de las Profesiones en el Distrito Federal, prevé que todo profesionista estará obligado a guardar estrictamente el secreto de los asuntos que se le confíen por sus clientes, salvo los informes que obligatoriamente establezcan las leyes respectivas.

El ordenamiento referido rige en el Distrito Federal en asuntos de orden común, y en toda la república en asuntos de orden federal; en este sentido, obligar al promotor a divulgar las Operaciones Relevantes de sus clientes no debería resultar violatorio del secreto profesional previsto por nuestra legislación, ya que dicha obligación se incorporaría en el CFF.

III.1.2. ¿Qué debe ser reportado?

En el capítulo anterior se concluyó que gran parte de las Operaciones Relevantes previstas en la Forma Oficial No. 76, constituyen áreas de riesgo que, en materia de recaudación, han sido identificadas por el SAT, ya que su implementación puede ocasionar la erosión de la base imponible de nuestro país y/o trasladar beneficios a regímenes fiscales preferentes.

Adicionalmente, señalamos que dichas operaciones serán reportadas cuando su monto acumulado sea mayor a 60 millones de pesos en el trimestre de que se trate de conformidad con la regla 2.8.1.16. de la RMF para 2015.

En este sentido, nuestra regla de divulgación obligatoria contempla "supuestos específicos" de aplicación (áreas de riesgo identificadas por el SAT), mismos que se encuentran limitados por una precondición "*de-minimis*" (60 millones de pesos).

De acuerdo con la OCDE, mientras que los "supuestos específicos" de divulgación permiten identificar y obtener información relativa a las áreas específicas de riesgo –como pueden ser los esquemas de arrendamiento financiero, de amortización de pérdidas, de fusión y escisión de sociedades, de operaciones financieras derivadas, entre otros-, los "supuestos generales" permiten detectar esquemas estandarizados que suelen ser replicados y vendidos por los promotores a diversos contribuyentes.

Recordemos que los "supuestos generales" comúnmente utilizados por los países miembros de la OCDE son: i) reportar los esquemas propuestos por los promotores cuyos honorarios se fijen con base en un porcentaje del "ahorro fiscal" obtenido por el contribuyente; y, ii) divulgar aquellos esquemas en los que el contribuyente celebró un acuerdo con el promotor por virtud del cual se obliga a mantener confidencialidad del esquema de elusión fiscal que le sea planteado.

De esta forma, la OCDE recomienda que toda "regla de divulgación obligatoria" incluya supuestos específicos y generales de aplicación. Esta recomendación no es observada por el artículo 31-A del CFF, ya que únicamente contempla los "supuestos específicos" referidos en la Forma Oficial No. 76.

Considerando lo anterior, resulta recomendable incorporar en la Forma Oficial No. 76 "supuestos generales" de aplicación, a efecto de lograr identificar aquellos esquemas nuevos e innovadores que sean ofrecidos de manera estandarizada a los contribuyentes, los cuales son difícilmente detectados por los "supuestos específicos" con los que actualmente cuenta nuestra legislación tributaria.

Obtener información oportuna de este tipo de esquemas novedosos, permitirá al SAT reaccionar rápidamente para evitar su propagación e implementación en México.

La Acción 12 de BEPS recomienda no filtrar los "supuestos generales" de aplicación con una precondición "*de-minimis*", considerando que, como primer paso, los esquemas estandarizados suelen ser incorporados en pequeñas operaciones, para luego utilizarlos en operaciones más importantes.

En este sentido, los "supuestos generales" que lleguen a ser incorporados en la Forma Oficial No. 76, no deben sujetarse a la precondición "*de-minimis*" de $60 millones de pesos prevista por la RMF, ya que existe el riesgo de no detectar esquemas estandarizados de elusión fiscal desde su etapa de origen.

III.1.3. ¿Cuándo se debe reportar?

El artículo 31-A del CFF establece que los contribuyentes están obligados a presentar la información de las Operaciones Relevantes previstas por la Forma Oficial No. 76, dentro de los 30 días siguientes a aquél en que se celebraron.

No obstante, la regla 2.8.1.16. de la RMF para 2015 establece una opción para que los contribuyentes divulguen la citada información en un periodo trimestral.

La Acción 12 de BEPS recomienda que cuando los contribuyentes son los principales sujetos obligados a divulgar, el plazo para reportar debe vincularse con el momento de implementación de la estructura fiscal correspondiente[76]. Adicionalmente, se recomienda que cuando sólo el contribuyente reporte (e.g., por no existir un promotor o éste se encuentre en el extranjero), el plazo para divulgar debe ser lo suficientemente corto para maximizar la capacidad de respuesta de las autoridades fiscales.

En nuestro caso, el plazo para que los contribuyentes divulguen las Operaciones Relevantes en estudio, se vincula con el momento de celebración de dichas operaciones; es decir, con la implementación de la estructura fiscal correspondiente. En este sentido, se cumple parcialmente con las recomendaciones efectuadas por la OCDE.

---

76 Este es el momento más objetivo de vinculación, ya que establecer el plazo con base en el momento en el que el contribuyente decidió implementar el esquema (momento subjetivo), genera mayor incertidumbre para las partes.

No obstante, resulta importante señalar que al ser el contribuyente el único sujeto obligado a reportar de conformidad con el artículo 31-A del CFF, el plazo debe ser lo suficientemente corto para permitir que el SAT pueda reaccionar rápidamente ante posibles esquemas de elusión fiscal, situación que se incumple con la incorporación de la regla 2.8.1.16. de la RMF para 2015, a través de la cual se amplió el plazo para divulgar las Operaciones Relevantes de un periodo mensual a un periodo trimestral.

Derivado de lo anterior, la ampliación del plazo previsto por la RMF para 2015 entorpece los objetivos perseguidos por las "reglas de divulgación obligatoria" de acuerdo con BEPS, ya que el SAT dejará de tener información oportuna de posibles esquemas de elusión fiscal implementados por los contribuyentes.

Adicionalmente, es importante destacar que vincular la obligación de divulgación con el momento de implementación del esquema fiscal, tiene como consecuencia lógica que los Estados afronten pérdidas en materia de recaudación, ya que el esquema será implementado por los contribuyentes hasta que las autoridades fiscales realicen actos encaminados a disuadir la permanencia de dicho esquema.

Considerando lo anterior, la OCDE reconoce que resultan más eficientes aquellos regímenes de divulgación que establecen como obligado principal a los promotores, ya que el plazo puede vincularse al momento en el que éstos ponen a disposición del contribuyente la planificación fiscal correspondiente; de esta manera, las autoridades fiscales tendrán información de posibles esquemas de elusión fiscal antes de su implementación, situación que les permitirá llevar acciones más efectivas para impedir que ésta se lleve a cabo.

En armonía con la recomendación señalada en el apartado III.1.1., consistente en incluir a los promotores como sujetos obligados a reportar de conformidad con el artículo 31-A del CFF, se recomienda vincular el plazo de presentación de la Forma Oficial No. 76 al momento en que los promotores ponen a disposición de los contribuyentes el posible esquema de elusión fiscal.

III.1.4. ¿Qué otras obligaciones se establecen a cargo de los usuarios y promotores?

En el capítulo anterior, se concluyó que nuestra legislación tributaria no contempla alguna obligación adicional a cargo de los contribuyentes (esquema de referencia o entrega de lista de clientes), por lo que resulta de utilidad analizar si es recomendable incorporarlas como parte de la "regla de divulgación obligatoria" prevista por el artículo 31-A del CFF.

En términos de la Acción 12 de BEPS, en caso de incorporar un esquema de referencia numérica, se deben cumplir con los siguientes pasos:

a. El SAT deberá publicar un número que identifique a cada uno de los posibles esquemas de elusión fiscal.

b. Los asesores fiscales señalaran a sus clientes (contribuyentes) el número de referencia que corresponda al esquema de planeación fiscal que será implementado.

c. Los contribuyentes manifestarán el número del esquema en la declaración anual del ejercicio en que se implemente, así como en la declaración de los ejercicios en los que la planeación continúe surtiendo efectos.

Ahora bien, en términos de la Acción 12 de BEPS, la obligación adicional a cargo de los promotores de entregar una lista de clientes se deberá incorporar por aquellas legislaciones que no cuenten con un esquema de referencia numérica; no obstante, se reconoce que ésta puede combinarse con aquélla cuando se requiera identificar con mayor certeza a los usuarios de posibles esquemas de elusión fiscal.

Es importante señalar que la OCDE recomienda que este tipo de obligaciones adicionales sean incorporadas cuando el único sujeto obligado a reportar sea el promotor, señalando que éstas no resultan esenciales en aquellas jurisdicciones en las que se introduzca una obligación de divulgación mixta (a cargo de los promotores y usuarios); sin embargo, dicho organismo señala que la incorporación de estas obligaciones permitirá que las autoridades fiscales realicen un cruce de información de los esquemas que le sean divulgados con anterioridad.

De esta manera, pese a que contaríamos con un esquema de divulgación mixto (en atención a la recomendación señalada en el apartado III.1.1.), resulta recomendable que los contribuyentes manifiesten en la declaración anual correspondiente, el número de cada una de las Operaciones Relevantes celebradas en el ejercicio, información que debe coincidir con la información divulgadas a través de la Forma Oficial No. 76.

III.1.5. ¿Cuáles son las consecuencias del incumplimiento?

En el capítulo anterior se señaló que nuestra legislación tributaria contempla dos tipos de consecuencias en caso de no presentar la Forma Oficial No.76: la primera, consiste en una pena monetaria (multa general) que oscila entre $11,240 pesos y $22,500 pesos; y, la segunda, consiste en ciertas penas no monetarias, entre las que se encuentran que los contribuyentes: i) no puedan beneficiarse por subsidios o estímulos previstos en las disposiciones fiscales; ii) estén inhabilitados para contratar con la Administración Pública Federal; iii) no obtengan una opinión positiva de cumplimiento; entre otras.

Adicionalmente, se señaló que, a partir del ejercicio fiscal de 2016, se adiciona una multa formal particular para el incumplimiento del artículo 31-A del CFF que oscilará entre los $140,540 pesos y $200,090 pesos.

El objetivo principal de establecer este tipo de sanciones es incentivar el cumplimiento de las obligaciones de divulgación a cargo de los usuarios y promotores de posibles esquemas de elusión fiscal.

La OCDE reconoce que cada jurisdicción deberá decidir si las sanciones deberán ser monetarias, no monetarias, o bien, una combinación de ambas; sin embargo, dicho organismo señala diversos aspectos que deben ser considerados por las autoridades fiscales.

Por lo que respecta a las sanciones monetarias, éstas deberán fijarse de tal manera en que se fomente el cumplimiento de las obligaciones de divulgación sin que lleguen a ser desproporcionalmente onerosas para los contribuyentes o promotores.

De acuerdo con la Acción 12 de BEPS, un gran número de países miembros de la OCDE determinan el monto de la sanción económica con base en el número de días que transcurran desde la fecha de incumplimiento hasta que las autoridades fiscales detecten la omisión[77]; en otras jurisdicciones, la sanción pecuniaria se determina considerando el monto del beneficio fiscal obtenido por la implementación del esquema, o bien, el monto de los honorarios cobrados por el promotor[78].

Es importante señalar que las sanciones pecuniarias previstas por una "regla de divulgación obligatoria" regulan las consecuencias derivadas del incumplimiento de dicha regla, y no así los efectos derivados de la implementación del esquema de elusión fiscal; en este sentido, las sanciones pecuniarias siempre deben considerarse como un elemento independiente de otras sanciones previstas por las legislaciones tributarias de los Estados (e.g., la liquidación del crédito fiscal correspondiente).

En relación con las sanciones no monetarias, éstas también pueden incorporarse en lugar de, o en adición de, las sanciones monetarias. Un ejemplo de este tipo de sanciones se puede observar en la legislación canadiense, la cual establece que si los contribuyentes no divulgan las operaciones previstas por su "regla de divulgación obligatoria", se suspenderán los efectos legales del esquema, por lo que no se podrá aplicar algún beneficio fiscal derivado de su implementación[79].

---

77 El Reino Unido e Irlanda contemplan este tipo de sanciones.

78 La legislación tributaria de Estados Unidos y Canadá incorpora esta modalidad de sanción.

79 La OCDE reconoce que jurisdicciones como Estados Unidos, Reino Unido, Portugal, Irlanda y Sudáfrica si permiten que los esquemas no divulgados continúen surtiendo efectos legales.

Considerando lo anterior, resulta relevante evaluar si los aspectos que la OCDE recomienda considerar para el establecimiento de sanciones monetarias y no monetarias fueron atendidos por nuestra legislación.

La multa prevista por la fracción I, inciso d) del artículo 82 del CFF, es una sanción general aplicable a cualquier contribuyente que omita presentar alguna declaración a través de los medios señalados por el SAT; en este sentido, hasta el 31 de diciembre de 2015, nuestra legislación monetaria no contempla una sanción monetaria específica para el caso de incumplir con la obligación prevista del artículo 31-A del CFF.

Sin embargo, desde 1° de enero de 2016, entrará en vigor una multa formal específica para el caso que nos ocupa, cuyo monto es considerablemente mayor a la multa general señalada en el párrafo anterior (ahora de $140 a $200 mil pesos).

Es una decisión acertada el haber adicionado una multa específica en caso de incumplir con la obligación de divulgar Operaciones Relevante; sin embargo, el monto de esta sigue sin ser significativa considerando que las operaciones divulgadas son mayores a $60 millones de pesos.

Ya que nuestra "regla de divulgación obligatoria" no contempla únicamente posibles esquemas de elusión fiscal, sino también operaciones aisladas (e.g., cambio de socios o accionistas), resulta imposible atender a la recomendación de la OCDE consistente en fijar una multa en proporción al beneficio fiscal obtenido por la implementación del esquema.

Considerando lo anterior, resulta recomendable que se adicione una multa formal que se determine en función a cierto porcentaje del monto de la operación no divulgada. Se deberá cuidar que dicha multa no resulte excesiva para el contribuyente, pero que logre generar incentivos adecuados de cumplimiento.

Ahora bien, las sanciones no monetarias previstas por el CFF no contemplan incentivos efectivos para obligar a los contribuyentes a presentar la Forma Oficial No.76.

Por lo que respecta a la no aplicación de subsidios o estímulos fiscales e inhabilitación para contratar con la Administración Pública Federal, la fracción IV del artículo 32-D del CFF señala que, en caso de incumplir con la presentación de la Forma Oficial No. 76, los contribuyentes contarán con un plazo de quince días para corregir su situación fiscal, a partir del día siguiente a aquél en que la autoridad les notifique la irregularidad detectada.

En otras palabras, los contribuyentes pueden no presentar la Forma Oficial No. 76, y sólo en el caso de que se les impida aplicar estímulos fiscales o contratar con la citada administración, estarán en posibilidad de corregir su situación fiscal, por lo que no existen incentivos eficaces que obliguen a los contribuyentes a cumplir con sus obligaciones de divulgación.

En relación con la no obtención de una opinión positiva de cumplimiento, resulta muy difícil que las autoridades fiscales puedan identificar que los contribuyentes omitieron presentar la Forma Oficial No. 76 en tiempo y forma legales, ya que la mayoría de las Operaciones Relevantes suelen celebrarse mediante acuerdos privados entre las partes involucradas en la transacción (e.g., contratos de préstamo, OFDs, modificación de precios en operaciones previas, etc.), situación que impide que las autoridades tributarias puedan detectar oportunamente la omisión y, como consecuencia, emitir una opinión negativa de cumplimiento.

Considerando lo anterior, resulta recomendable que se elimine la posibilidad de que los contribuyentes corrijan su situación fiscal de conformidad con la fracción IV del artículo 32-D del CFF, y que se establezca una pena no monetaria general –tal y como la contempla la legislación canadiense- consistente en dejar sin efectos legales las operaciones relevantes que no sean divulgadas de conformidad con el artículo 31-A del CFF.

De esta forma, se logrará establecer sanciones más eficaces para influir en la conducta de los contribuyentes y promotores de posibles esquemas de elusión fiscal.

III.1.6. ¿Cuáles son las consecuencias de cumplimiento?

En el capítulo anterior fue concluido que nuestra legislación fiscal no señala expresamente cuáles son las consecuencias de cumplir con la obligación prevista por el artículo 31-A del CFF, ni cómo será utilizada la información requerida a través de la Forma Oficial No. 76.

El hecho de que una operación se deba reportar de conformidad con una "regla de divulgación obligatoria" no implica que ésta constituya un esquema de elusión fiscal; de igual forma, la divulgación de este tipo de operaciones no deriva en la aceptación del esquema por parte de las autoridades fiscales.

De acuerdo con la OCDE, diversas jurisdicciones han expresado su preocupación en relación con la "expectativa de legitimación" que tienen los contribuyentes respecto de las operaciones que reportan a las autoridades fiscales. Estas expectativas pueden afectar la eficacia de las actividades implementadas por las autoridades para evitar la propagación de posibles esquemas de elusión fiscal.

Para evitar las "expectativas de legitimación", en la Acción 12 de BEPS se recomienda que las autoridades tributarias señalen expresamente que la divulgación de las operaciones en estudio, no implica la aceptación de su validez y mucho menos aseguran la obtención de una confirmación de criterio del régimen fiscal aplicable[80].

Estas recomendaciones no resultan aplicables a la obligación prevista por el artículo 31-A del CFF, ya que la Forma Oficial No. 76 se refiere a Operaciones Relevantes que forman parte de un posible esquema de elusión fiscal, más no conforman el esquema en su totalidad.

---

[80] De acuerdo con la OCDE, la legislación tributaria de Reino Unido, Estados Unidos, Irlanda y Canadá efectúan este señalamiento expreso.

Por ejemplo, una de las Operaciones Relevantes consiste en que la sociedad escindente manifieste si dividió pérdidas fiscales pendientes de disminuir en ejercicios anteriores con motivo de una escisión. Esta división de pérdidas es posible jurídicamente de acuerdo con el artículo 57 de la Ley del ISR; sin embargo, dichas operaciones son utilizadas comúnmente por los contribuyentes para diseñar esquemas que permiten vender empresas perdedoras.

Considerando lo anterior, resultaría ilógico que el SAT manifestara expresamente que la divulgación de las Operaciones Relevantes previstas en la Forma Oficial No. 76 no implica el reconocimiento de su legalidad, ya que dichas operaciones sí son legales de conformidad con las disposiciones fiscales vigentes (como en el caso de transmisión de pérdidas por escisión); sin embargo, es el esquema en su totalidad el que puede ocasionar la erosión de la base imponible o traslado de utilidades.

Otro tema referido por la Acción 12 de BEPS es la compatibilidad que debe existir entre el derecho humano a la no autoincriminación y la "regla de divulgación obligatoria".

El reporte en estudio señala que la información requerida a través de una "regla de divulgación obligatoria" no es mayor que aquélla solicitada por las autoridades fiscales cuando ejercen sus facultades de comprobación. Es por esto que, a juicio de la OCDE, la divulgación de posibles esquemas de elusión fiscal no debe generar una preocupación mayor en materia de autoincriminación penal, que aquella que se tiene cuando el contribuyente está siendo auditado por el fisco.

Según la OCDE la conclusión señalada en el párrafo anterior se refuerza por el hecho de que la naturaleza de las operaciones que se deben divulgar con base en las "reglas de divulgación obligatoria", no son generalmente operaciones que pueden dar lugar a la interposición de acciones de carácter penal en contra de los contribuyentes.

En este sentido, en la Acción 12 de BEPS se recomienda que aquellas jurisdicciones que establezcan sanciones de carácter penal por la implementación de esquemas de elusión fiscal excluyan del alcance de las "reglas de divulgación obligatoria" aquellas operaciones que se puedan tipificar penalmente con base en su legislación doméstica.

Adicionalmente, el citado reporte señala que no deberá existir problema alguno en materia de autoincriminación penal, en aquellos regímenes que establezcan principalmente la obligación de divulgación en el promotor, salvo que los promotores tengan responsabilidad penal en la legislación doméstica del Estado.

Es importante mencionar que los señalamientos efectuados por la OCDE, en materia de autoincriminación penal, admiten un análisis y crítica más profunda a la luz de nuestra legislación tributaria, ya que la divulgación de las Operaciones Relevantes puede originar que el SAT inicie sus facultades de comprobación –respecto del ejercicio en que se implementó el esquema- y llegue a concluir que la implementación del esquema configuró un delito de defraudación fiscal.

El siguiente capítulo contendrá dicho análisis y se señalarán las recomendaciones que, en su caso, resulten aplicables a efecto de evitar una afectación al derecho humano de la no autoincriminación de los contribuyentes.

III.1.7. Sumario de recomendaciones a nuestro régimen de divulgación obligatoria

En la siguiente tabla se resumen las modificaciones que se tendrían que llevar a cabo al régimen de divulgación obligatoria previsto por el artículo 31-A del CFF, a efecto de atender a las recomendaciones estructurales efectuadas por la OCDE a través de la Acción 12 de BEPS.

Tabla 3.1.: Propuestas de modificaciones, adiciones y eliminaciones

Concepto	Recomendación
III.1.1. Sujetos	Establecer obligaciones a cargo de los promotores de posibles esquemas de elusión fiscal en México; en adición, a las obligaciones existentes a cargo de los contribuyentes.
III.1.2. Objeto	Incorporar supuestos generales de aplicación al artículo 31-A del CFF, sin que a éstos les resulten aplicables la precondición *"de-minimis"* prevista en la regla 2.8.1.16. de la RMF para 2015.
III.1.3. Momento de presentación	Vincular el plazo de presentación de la Forma Oficial No. 76 al momento en que los promotores ponen a disposición de los contribuyentes el posible esquema de elusión fiscal.
III.1.4. Otras obligaciones	Manifestar el número de cada una de las Operaciones Relevantes celebradas en el ejercicio, en algún rubro de la declaración anual del contribuyente.
III.1.5. Consecuencias de incumplimiento	Eliminar la posibilidad de que los contribuyentes corrijan su situación fiscal de conformidad con la fracción IV del artículo 32-D del CFF. Adicionar una multa formal que se determine en función a cierto porcentaje del monto de la operación no divulgada. Se establezca una pena no monetaria general consistente en dejar sin efectos legales las operaciones relevantes que no sean divulgadas de conformidad con el artículo 31-A del CFF.
III.1.6. Consecuencias de cumplimiento	Las recomendaciones se señalarán en el Capítulo IV de la presente obra.

III.2. EVALUACIÓN DEL CUMPLIMIENTO DE LOS OBJETIVOS

Ya fue analizado detalladamente el contenido de la obligación de divulgar Operaciones Relevantes prevista por el artículo 31-A del CFF. Asimismo, fueron examinadas las recomendaciones efectuadas por la OCDE, a efecto de determinar si éstas fueron incorporadas en nuestra legislación. Como resultado de dicha examinación, se concluyó que nuestra "regla de divulgación obligatoria" no atendió a las recomendaciones señaladas en la Acción

12 de BEPS, por lo que se propusieron modificaciones, adiciones y eliminaciones a las disposiciones fiscales aplicables.

En atención a las conclusiones anteriores, resulta relevante analizar si la "regla de divulgación obligatoria", tal y como está diseñada, cumple con los objetivos señalados por la Acción 12 de BEPS, mismos que fueron detallados en el primer capítulo del presente trabajo.

III.2.1. Obtener información oportuna

El primer objetivo de una "regla de divulgación obligatoria" consiste en obtener información oportuna de los posibles esquemas de elusión fiscal para estar en posibilidad de reaccionar ante los riesgos que pudieran derivarse en materia de recaudación.

Este objetivo no se logra con la actual regulación del artículo 31-A del CFF –en conjunto con la regla de la 2.8.1.16. RMF para 2015-, ya que el plazo para presentar la Forma Oficial No. 76 se refiere al momento de celebración de la Operación Relevante en cuestión. En ese momento, cualquier posible esquema de elusión fiscal ya ha sido implementado por el contribuyente, por lo que la información que obtenga el SAT no será recibida con oportunidad para evitar su implementación.

Pese a que las autoridades fiscales pueden llevar a cabo actividades para evitar la propagación de cualquier esquema de elusión fiscal, no se podrá evitar que, en el corto plazo, se generen pérdidas recaudatorias ocasionadas por aquellos contribuyentes que ya hayan implementado el esquema de planificación fiscal agresiva.

III.2.2. Identificar los promotores y usuarios

El segundo objetivo consiste en identificar a los promotores y usuarios de posibles esquemas de elusión fiscal.

Nuestra "regla de divulgación obligatoria" cumple parcialmente con este objetivo, ya que únicamente obliga a los usuarios de este tipo de esquemas a presentar la Forma Oficial No. 76. Es por esto, que resulta recomendable incorporar obligaciones de divulgación a cargo de los promotores, a efecto de que el SAT también identifique a los oferentes de este tipo de planeaciones.

Adicionalmente, el presente objetivo depende de la efectividad del régimen de divulgación, ya que si los destinatarios de la norma omiten cumplir con sus obligaciones de divulgación, resulta muy difícil que las autoridades fiscales puedan identificarlos.

En este sentido, considerando que la "regla de divulgación obligatoria" prevista por el artículo 31-A del CFF no establece una estructura de incentivos adecuada, resultará muy difícil que el SAT identifique a la generalidad de los usuarios de posibles esquemas de elusión fiscal.

III.2.3. Generar un efecto disuasivo

El tercer objetivo consiste en generar un efecto disuasivo para reducir la promoción y uso de mecanismos de elusión fiscal.

El efecto disuasivo que se busca obtener a través de una "regla de divulgación obligatoria", no se logra en nuestra legislación tributaria, debido a los siguientes factores:

1. La obligación de presentar la Forma Oficial No. 76 no es eficaz en nuestro país, ya que las sanciones derivadas por su incumplimiento son fácilmente superables por los contribuyentes, o bien, no son lo suficientemente gravosas.
2. Debido a que nuestra "regla de divulgación obligatoria" no es eficaz, la probabilidad de que las autoridades fiscales detecten un esquema de elusión fiscal sigue siendo la misma, por lo que no aumentarán los costos estimados de los contribuyentes bajo un Modelo de Disuasión Tributaria.
3. Los promotores no tienen incentivo alguno de dejar de promocionar esquemas de planificación fiscal agresiva, ya que las disposiciones fiscales que regulan el artículo 31-A del CFF no se encuentran destinadas a dichos sujetos.

De lo anterior, se puede concluir que la obligación de divulgar las Operaciones Relevantes prevista por el artículo 31-A del CFF, no cumple con los objetivos planteados por la OCDE a través de la Acción 12 de BEPS. Es por esto, que se recomienda realizar los ajustes previstos en la Tabla 3.1.

III.3. EVALUACIÓN DEL CUMPLIMIENTO DE LOS PRINCIPIOS FUNDAMENTALES

En el apartado anterior, fueron analizados los objetivos señalados por la Acción 12 de BEPS, a efecto de determinar si éstos se pueden alcanzar con base en nuestro actual régimen de divulgación obligatoria. Como consecuencia de dicho análisis, se concluyó que la "regla de divulgación obligatoria" prevista por nuestra legislación no cumple con los objetivos planteados por la OCDE.

En el presente apartado, se efectuará un breve análisis de los principios mínimos fundamentales referidos por el citado reporte, a efecto de determinar si éstos se cumplen por el artículo 31-A del CFF y demás disposiciones fiscales relacionadas.

III.3.1. Claridad y facilidad de entendimiento

De acuerdo con la Acción 12 de BEPS, las "reglas de divulgación obligatoria" deben ser diseñadas de la forma más clara que sea posible, con objeto de que los contribuyentes tengan certeza de lo que es requerido por el régimen en cuestión.

Las disposiciones fiscales que regulan la obligación prevista por el artículo 31-A del CFF no cumplen con el principio de claridad y facilidad de entendimiento, ya que en algunos casos no existe certeza de cuándo resulta aplicable la obligación de divulgar Operaciones Relevantes, ni tampoco claridad respecto del alcance de algunos de los conceptos referidos por la Forma Oficial No. 76.

La conclusión anterior se refuerza por el hecho de que el SAT ha publicado a través de su página de internet, diversos instructivos de llenado y manuales de usuario, en los que busca aclarar los conceptos referidos por la Forma Oficial No. 76 y demás disposiciones fiscales relacionadas.

Es importante señalar que estos instructivos y manuales carecen de validez oficial, y en muchas ocasiones suelen ser contradictorios o dejan más dudas al contribuyente, situación que los coloca en un evidente estado de incertidumbre jurídica.

Por ejemplo, el documento referido como "Instructivo de la Forma Oficial 76 "Información de Operaciones Relevantes"" publicado en la página de internet del SAT, señala que los contribuyentes quedarán relevados de presentar la forma referida cuando el monto acumulado de las operaciones que realicen en el ejercicio sea inferior a $60 millones de pesos.

No obstante lo anterior, de la redacción de la regla 2.8.1.16. de la RMF para 2015 se desprende que se presentará la Forma Oficial No. 76 cuando el monto acumulado de la Operación Relevante sea mayor a $60 millones de pesos en el trimestre de que se trate, por lo que resulta claro que el instructivo –al referirse a un periodo anual- no es armónico con la regulación de la RMF –que se refiere a un periodo trimestral.

En este sentido, si se realizó una Operación Relevante con un valor de $20 millones de pesos trimestrales, ésta no debe ser reportada de conformidad con la citada regla miscelánea; sin embargo, el monto acumulado a nivel anual sería de $80 millones de pesos, situación que generaría incertidumbre a los contribuyentes, ya que no se sabría si se debe presentar la Forma Oficial No.76 considerando la redacción del instructivo publicado por el SAT.

Otro ejemplo de la falta de claridad de dicho régimen, es que no resulta claro sobre qué monto de la Operación Relevante debe aplicarse la precondición "de-minimis" de $60 millones de pesos; por ejemplo, en el caso de operaciones de financiamiento, la operación se conforma tanto por el monto del principal adeudado como por el monto de los intereses devengados o pagados; en este sentido, los contribuyentes que adeuden $55 millones de pesos de principal y efectúen un pago trimestral de intereses de $10 millones de pesos, no sabrán si la operación en cuestión excede o no la precondición de $60 millones de pesos.

Se pueden señalar un gran número de ejemplos en los que no resulta claro cómo se debe aplicar el régimen de divulgación previsto por el artículo 31-A del CFF; sin embargo, los ejemplos antes señalados son suficientes para concluir que dicho régimen no cumple con el principio de claridad y facilidad de entendimiento señalado por la Acción 12 de BEPS.

III.3.2. Equilibrio entre los costos de cumplimiento y los beneficios de fiscalización

De acuerdo con BEPS, toda "regla de divulgación obligatoria" debe lograr un equilibrio entre los costos adicionales de cumplimiento a cargo del contribuyente/promotor y los beneficios obtenidos por las autoridades fiscales.

La Forma Oficial No.76 se presenta por los contribuyentes a través de la página de internet del SAT; adicionalmente, a través de dicha forma el SAT solicita información muy puntual de las Operaciones Relevantes celebradas por los contribuyentes, tales como: i) identificar la operación relevante celebrada; ii) si se efectuó con partes relacionadas o no relacionadas; iii) si se realizó con residentes en México o en el extranjero; iv) el importe; y, v) la fecha.

De lo anterior, se desprende que los contribuyentes que cumplen con la obligación prevista por el artículo 31-A del CFF, no afrontan altos costos de cumplimiento, ya que el volumen de información que se solicita no es significativo y los medios de presentación son electrónicos.

Debido a que el artículo 31-A del CFF fue incorporado hace un par de años, aún no se cuenta con información relativa a los beneficios de fiscalización obtenidos por el SAT; sin embargo, considerando que los contribuyentes no incurren en altos costos de cumplimiento resulta muy probable que se logre un equilibrio entre los costos de cumplimiento y los beneficios de fiscalización, por lo que sí se cumpliría con el principio en estudio.

III.3.3. Efectividad en lograr los objetivos de política fiscal

En el apartado anterior de este capítulo se concluyó que el diseño actual de la "regla de divulgación obligatoria" prevista por el artículo 31-A del CFF, no cumple con los objetivos señalados por la OCDE; lo anterior, debido a que la estructura de incentivos de cumplimiento no es la adecuada.

En este sentido, si no se establecen los incentivos correctos para fomentar el cumplimiento de dicha divulgación (e.g., mediante el establecimiento de sanciones eficaces), resulta improbable que el SAT identifique con exactitud los esquemas de elusión fiscal implementados por los contribuyentes y logre sus objetivos de política pública.

De lo anterior, se puede concluir que la obligación de divulgar Operaciones Relevantes no cumple con el principio de efectividad para lograr los objetivos de política e identificar con exactitud los esquemas de elusión fiscal.

III.3.4. Uso eficaz de la información divulgada

De acuerdo con la OCDE, el SAT requiere implementar procedimientos efectivos para utilizar, de la manera más adecuada, la información divulgada por los contribuyentes.

Toda vez que no existe alguna disposición fiscal que señale cómo se utilizará la información que obtenga el SAT a través de la Forma Oficial No.76, no se puede concluir con certeza si ésta es utilizada, o no, eficazmente por las autoridades fiscales.

Sin embargo, como se acreditará en el siguiente capítulo, la citada omisión puede dar lugar a que las autoridades fiscales ejerzan inmediatamente sus facultades de comprobación respecto del ejercicio en el que se implemente la posible estructura de elusión fiscal, y liquiden algún crédito fiscal a cargo de los contribuyentes o, inclusive, determinen que la implementación del esquema configuró un delito fiscal.

Es importante señalar que la OCDE reconoce que las autoridades fiscales deben tener facultades para requerir información adicional en relación con la divulgación inicial efectuada por el contribuyente o su promotor; sin embargo, este proceso de revisión debe ser parte del régimen de divulgación obligatoria y estar expresamente regulado, por lo que no se puede utilizar como una herramienta "complementaria" los procesos generales de auditoría, ya que éstos tienen un alcance mucho más amplio que puede dar lugar a abusos por parte de las autoridades fiscales.

En el siguiente capítulo se analizará con mayor detalle los efectos que se pueden derivar a cargo del contribuyente, como consecuencia de no existir disposiciones normativas que regulen cómo podrá utilizar el SAT la información que le sea divulgada a través de la Forma Oficial No. 76.

Capítulo IV.

Compatibilidad del régimen con el derecho humano a la no autoincriminación

Ya analizado el régimen de divulgación previsto por el artículo 31-A del CFF, así como las recomendaciones señaladas por la OCDE a través de la Acción 12 de BEPS, se puede concluir que la "regla de divulgación obligatoria" prevista en nuestra legislación, no cumple con las recomendaciones, objetivos y principios señalados por dicho organismo a través del Plan de Acción de BEPS.

En el presente capítulo será analizado si la obligación de divulgar Operaciones Relevantes resulta compatible con el derecho humano a la no autoincriminación previsto en nuestra legislación. Este análisis resulta de suma importancia atendiendo a los factores que se señalan a continuación.

En primer lugar, en el reporte de la Acción 12 de BEPS se incluye el Anexo B titulado "*Compatibilidad entre la autoincriminación y el régimen de divulgación obligatoria*"[81], mismo que señala diversos argumentos por virtud de los cuales la OCDE considera que no debe existir una fricción natural entre el derecho a la no autoincriminación y las "reglas de divulgación obligatoria". Resulta relevante destacar que el contenido del citado anexo resulta contradictorio, ya que se reconoce que la divulgación de este tipo de esquemas puede originar sanciones de carácter penal en las legislaciones domésticas de algunas jurisdicciones.

---

81 En idioma inglés: *"Compatibility between self-incrimination and mandatory disclosure rules".*

Adicionalmente, el hecho de que la OCDE haya elaborado un anexo particular del tema constituye un indicio claro de la relevancia que este punto guarda en el ámbito internacional.

En segundo lugar, resulta innegable que la obligación constitucional de contribuir al gasto público de nuestro país[82] –principio rector del deber de colaboración con el SAT-, se puede (debe) limitar por otros derechos constitucionales previstos en favor de los contribuyentes, tales como el derecho humano a la no autoincriminación.

Es importante recordar que los derechos constitucionales cumplen una doble función: en primer lugar, fundamentan las obligaciones políticas, al señalar en qué condiciones los ciudadanos están obligados a obedecer o cumplir las normas; y, en segundo lugar, sirven para fundamentar los límites de dicha obligación política, ya que determinan qué es lo que el poder político puede (debe) y no puede (no debe) ordenar legítimamente[83].

La tensión entre la obligación política (contribuir al gasto público) y los límites a ella (el derecho a la no autoincriminación) no es armonizable en términos estructurales o abstractos, por lo que solo es posible formular un *desideratum* en el sentido de alcanzar una práctica política y jurídica respetuosa con los derechos, fomentando el desarrollo de actitudes adecuadas vinculadas a necesidades de discursivas de justificación, que incluyan la evaluación de la idoneidad y proporcionalidad de las medidas implementadas por nuestras autoridades[84].

Si bien es cierto que el Estado requiere de información para verificar el correcto cumplimiento de las obligaciones fiscales de los contribuyentes, también lo es, que esta necesidad debe limitarse

---

82 Prevista en la fracción IV del artículo 31 de la CPEUM.

83 *Cfr.* Aguiló Regla Josep, *Sobre las Contradicciones (Tensiones) del Constitucionalismo y las Concepciones de la Constitución,* Jurídicas, Vol. 5, No.1, 2008.

84 *Idem.*

en función a los derechos humanos previstos en la constitución y tratados internacionales de los que México sea parte.

En otras palabras, el SAT no debe convertirse en un agente "represor" del Estado que acose a los contribuyentes de manera incisiva, sin observar los derechos que a éstos les confiere la constitución, máxime que dicha autoridad está obligada constitucionalmente a conducirse, en el ámbito de sus competencias, en estricta observancia a los derechos humanos.

A efecto de analizar el grado de compatibilidad del "régimen de divulgación obligatoria" previsto por el artículo 31-A del CFF con el derecho humano a la no autoincriminación, en primer lugar, resulta necesario definir si la obligación de divulgar Operaciones Relevantes puede dar lugar –de manera directa o indirecta– a la imputación de sanciones penales.

IV.1. NUESTRA LEGISLACIÓN TRIBUTARIA PENAL

Las disposiciones fiscales en México establecen una serie de sanciones que pueden resultar aplicables a los contribuyentes, o terceros con ellos relacionados, por incumplir con sus obligaciones fiscales. Estos incumplimientos pueden derivarse en el establecimiento de infracciones, en cuyo caso se impone una multa, o en la imputación de delitos, derivándose en la privación de la libertad del contribuyente.

El CFF prevé diversos delitos fiscales, muchos de los cuales no resultan aplicables al caso en estudio, por lo que únicamente se analizarán los delitos de defraudación fiscal y defraudación fiscal equiparada, cuyo alcance puede abarcar conductas consistentes en la implementación de esquemas de elusión o evasión fiscal.

Antes de comenzar con el análisis de los delitos referidos, se hará una breve mención de los requisitos que se deben cumplir para proceder penalmente en contra de un contribuyente.

IV.1.1. Requisitos de procedencia

El artículo 92 del CFF señala que para proceder por los delitos fiscales previstos por el citado ordenamiento, es necesario que previamente la Secretaría de Hacienda y Crédito Público (en adelante "SHCP"):

1. Formule querella, tratándose de, entre otros, los delitos de defraudación fiscal o defraudación fiscal equiparada, independientemente del estado en que se encuentre el procedimiento administrativo que en su caso se tenga iniciado;
2. Efectúe una declaración de perjuicio al fisco federal[85]; y,
3. Simple declaratoria en los casos de contrabando de mercancías por las que no deban pagarse impuestos.

La querella significa que el delito de defraudación fiscal o defraudación fiscal equiparada sólo puede perseguirse a petición expresa de la parte agraviada[86], quién en nuestro caso sería la SHCP.

En el caso de ambos delitos, la querella se puede formular con independencia del estado en el que se encuentre el procedimiento administrativo del contribuyente; es por esto, que no resulta necesario que se culmine la auditoría en la que se conoció de la probable comisión de un delito de defraudación fiscal o defraudación fiscal equiparada, para que la SHCP formule la querella correspondiente[87].

---

85 Se deben actualizar los perjuicios establecidos por los artículos 102 y 115 del CFF, mismos que corresponden al delito de contrabando (hasta ciertos montos) y personas que se apoderen de mercancías en recintos fiscales o fiscalizados.

86 Arrioja Vizcaíno, Adolfo, *Derecho fiscal*, 20ª ed., Themis, México, 2008.

87 Esta situación ha sido corroborada por la SCJN mediante la tesis jurisprudencial titulada "DEFRAUDACIÓN FISCAL. PARA QUE LA SECRETARÍA DE HACIENDA Y CRÉDITO PÚBLICO FORMULE QUERELLA POR ESE DELITO, NO ES NECESARIO QUE CULMINE LA VISITA DE AUDITORÍA EN LA QUE TUVO CONOCIMIENTO DE SU

El artículo 100 del CFF señala que el derecho a formular la querella, la declaratoria y la declaratoria de perjuicio a la SHCP precluye y, por lo tanto, se extingue la acción penal, en cinco años, que se computarán a partir de la comisión de delito. Este plazo será continuo y en ningún caso se interrumpirá.

Continúa señalando la citada disposición que la acción penal en los delitos fiscales prescribirá en un plazo igual al término medio aritmético de la pena privativa de la libertad que se señala en el CFF para el delito de que se trate, pero en ningún caso será menor de 5 años.

La investigación y persecución del delito de defraudación fiscal y defraudación fiscal equipada incumbe al Ministerio Público Federal de conformidad con el artículo 21 de la CPEUM, y la sanción de dicho delito, mediante la imposición de penas, a las autoridades judiciales.

IV.1.2. Delito de Defraudación Fiscal y Defraudación Fiscal Equiparada

El artículo 108 del CFF señala que comete delito de defraudación fiscal quien con uso de engaños o aprovechamiento de errores, omita total o parcialmente el pago de alguna contribución u obtenga un beneficio indebido con perjuicio al fisco federal.

La omisión total o parcial de alguna contribución referida en el párrafo anterior, comprende indistintamente, los pagos provisionales y definitivos o el impuesto del ejercicio en los términos de las disposiciones fiscales.

El delito de defraudación fiscal se sanciona con penas que van desde tres meses a nueve años de prisión, dependiendo del monto defraudado.

PROBABLE COMISIÓN", Tesis P./J. 92/2000, Tomo XII, Septiembre 2000, pág. 6.

Ahora bien, el artículo 109 del CFF regula algunas conductas equiparables al delito de defraudación fiscal, las cuales deben ser sancionadas de la misma manera[88]. Para efectos del presente análisis, resulta relevante mencionar que la fracción IV de la disposición referida señala que será considerado un delito de defraudación fiscal equiparada cuando el contribuyente simule uno o más actos o contratos obteniendo un beneficio indebido con perjuicio del fisco federal.

Cabe señalar que, en la práctica, el SAT ha buscado que algunos esquemas de elusión fiscal encuadren en el supuesto de simulación de actos jurídicos señalado anteriormente y, por lo tanto, se sancionen con las mismas penas que un delito de defraudación fiscal; es por esto, que resulta de suma importancia efectuar un análisis más detallado de este supuesto.

Las disposiciones fiscales vigentes en México no prevén una definición de lo que debe entenderse por "simulación", por lo que se puede acudir supletoriamente al derecho federal común de conformidad con el segundo párrafo del artículo 5 del CFF.

En este sentido, el artículo 2180 del Código Civil Federal (en adelante "CCF") señala que es simulado el acto en que las partes declaran o confiesan falsamente lo que en realidad no ha pasado o no se ha convenido entre ellas.

De acuerdo con el artículo 2181 del ordenamiento referido la simulación es absoluta cuando el acto simulado nada tiene de real; es relativa, cuando a un acto jurídico se le da una falsa apariencia que oculta su verdadero carácter.

---

88 No se formulará querella, si quien encontrándose previstos por el artículo 109 del CFF, entera espontáneamente, con sus recargos, el monto de la contribución omitida o del beneficio indebido antes de que la autoridad fiscal descubra la omisión o el perjuicio, o medie requerimiento, orden de visita o cualquier otra gestión notificada por la misma, tendiente a la comprobación del cumplimiento de las disposiciones fiscales.

El artículo 2182 del CCF señala que pueden pedir la nulidad de los actos simulados, los terceros perjudicados con la simulación, o el Ministerio Público, cuando ésta se cometió en transgresión de la ley o en perjuicio de la Hacienda Pública.

Considerando lo anterior, para que los contribuyentes se encuentren en el tipo penal previsto por la fracción IV del artículo 109 del CFF (defraudación fiscal equiparada), resulta necesario atender a las reglas previstas en materia de simulación de actos jurídicos señaladas en el Código Civil Federal. Esto es así, porque dicho ordenamiento define qué debe entenderse por simulación de actos y resulta una remisión necesaria para la aplicación del artículo 109 del CFF[89].

Por lo que respecta a criterios jurisdiccionales, diversos órganos del Poder Judicial de la Federación se han pronunciado respecto de los elementos que constituyen una simulación de actos jurídicos, los cuales se resumen a continuación[90]:

i. La existencia de la disconformidad entre la voluntad real y lo declarado externamente;

ii. La intencionalidad consciente entre las partes para ello;

iii. La creación de un acto aparente como consecuencia de lo anterior; y,

iv. Que la creación de ese acto aparente sea con la finalidad de engañar a un tercero; en el caso en estudio, el SAT.

En materia tributaria, la simulación acontece cuando los actos jurídicos celebrados por los contribuyentes, únicamente tiene como finalidad engañar a las autoridades fiscales, haciéndolas creer que las partes celebraron una operación distinta a la realmente acordada, obteniendo un beneficio indebido en perjuicio de la Hacienda Pública.

---

89 Álvarez-Alcalá Alil, *op. cit.*, pp. 214-215.

90 *Semanario Judicial de la Federación*, 8a. Época; T.C.C.; S.J.F.; Tomo XII, Agosto de 1993; Pág. 572. XVI.2o.25 C.

Es aquí donde existe una línea muy delgada entre los conceptos de evasión y elusión fiscal estudiados en el primer capítulo de este trabajo. Como fue señalado, en ambos conceptos el contribuyente ve disminuida su carga tributaria con la diferencia que, en la elusión fiscal, existe una aplicación literal de la normatividad fiscal, mientras que, en la evasión fiscal, no se observa la ley que resulta aplicable.

Cabe destacar que existen diversos posicionamientos doctrinales relativos a si la simulación de actos jurídicos se actualiza únicamente cuando el contribuyente implementa esquemas de evasión fiscal; o bien, si el alcance de la simulación puede abarcar prácticas de elusión fiscal, por lo que resulta de utilidad analizar un ejemplo que pudiera acontecer en la práctica.

Retomando el ejemplo señalado en el Capítulo II, si las empresas de un grupo transnacional celebran una OFD de divisas, con el pretexto de cubrirse de riesgos cambiarios, y ésta se termina de manera anticipada para generar una deducción prematura en la empresa mexicana, pudieran existir argumentos sólidos para señalar que la voluntad real (obtener una deducción anticipada) difiere de lo declarado externamente (cubrirse de riesgo cambiario).

En este sentido, pese a que los efectos fiscales de la estructura se determinan en estricto apego a las disposiciones tributarias –configurándose un esquema de elusión fiscal-, el SAT pudiera argumentar que las empresas del grupo trasnacional simularon el contrato de la OFD a efecto de obtener un beneficio indebido con perjuicio del fisco federal.

En este ejemplo, se puede verificar que algunos de los esquemas de elusión fiscal que buscan ser identificados por medio de la "regla de divulgación obligatoria" prevista por el artículo 31-A del CFF, pudieran llegar a ser considerados como una simulación de actos jurídicos en perjuicio del fisco federal y, como consecuencia, se establezcan las sanciones penales correspondientes al delito de defraudación fiscal.

IV.1.3. Otras consideraciones

En materia tributaria, la simulación de actos jurídicos no se limita a aquella referida por la fracción IV del artículo 109 del CFF, ya que nuestra legislación prevé dos tipos de simulación de actos jurídicos. La primera, ya fue mencionada y consiste en equiparar la simulación de actos jurídicos con un delito de defraudación fiscal ("simulación penal"); y, la segunda, se encuentra regulada por el artículo 177 de la Ley del ISR y faculta al SAT a determinar la simulación de actos jurídicos únicamente para efectos fiscales, con el propósito de gravar el hecho imponible efectivamente realizado por las partes ("simulación fiscal").

A partir del año 2008, la Ley del ISR abrogada dotó al SAT de facultades para determinar la simulación de actos jurídicos para efectos fiscales. Es relevante señalar que el proceso legislativo que dio origen a dicha facultad no precisó los motivos por los cuales se consideró apropiado conferir facultades especiales en materia de simulación de actos jurídicos al SAT.

El artículo 177 de la Ley del ISR señala que para efectos del Título VI ("De los Regímenes Fiscales Preferentes") y la determinación de los ingresos de fuente de riqueza en el país[91], el SAT podrá, como resultado del ejercicio de sus facultades de comprobación, determinar la simulación de los actos jurídicos exclusivamente para efectos fiscales, la cual tendrá que quedar debidamente fundada y motivada dentro del procedimiento de comprobación y declarada su existencia en la resolución de la auditoría que se practique, siempre que se trate de operaciones entre partes relacionadas[92].

---

[91] La Procuraduría de la Defensa al Contribuyente (PRODECON), mediante el expediente 1-V-A/2011, señala que dicha facultad sólo resulta aplicable para el caso de REFIPRES y no para cualquier ingreso procedente de fuente de riqueza en México, como lo dispone el criterio normativo no. 00/2013/ISR.

[92] El concepto de partes relacionadas se prevé por el artículo 179 de la Ley del ISR y ya ha sido definido previamente en este trabajo.

En los actos jurídicos en los que exista simulación, el hecho imponible gravado será el efectivamente realizado por las partes.

De acuerdo con el artículo 177 en estudio, la resolución en que la autoridad determine la simulación deberá señalar lo siguiente:

a. Identificar el acto simulado y el realmente celebrado;
b. Cuantificar el beneficio fiscal obtenido por virtud de la simulación; y,
c. Señalar los elementos por los cuales se determinó la existencia de dicha simulación, incluyendo la intención de las partes de simular el acto.

El alcance de la simulación de actos jurídicos previsto por el artículo 177 de la Ley del ISR, se debe limitar a determinar consecuencias fiscales; por lo tanto, se puede concluir que dicha facultad sirve solo para determinar ingresos fiscales omitidos, y no para configurar un delito de carácter tributario[93].

La conclusión anterior, se refuerza por el hecho de que el artículo 7 del Código Penal Federal señala que es delito el acto u omisión que sancionan las leyes penales; en este sentido, la "norma que prevé la conducta equiparable a defraudación fiscal –aunque se encuentre en el CFF- es sustantivamente penal, pues prevé un delito"[94], situación que no acontece con el artículo 177 de la Ley del ISR al limitar el alcance únicamente al ámbito tributario.

Se debe puntualizar que, a diferencia del artículo 177 de la Ley del ISR, el artículo 109 del CFF no otorga la facultad a las autoridades fiscales para determinar la simulación de actos jurídicos; por lo tanto, la simulación de actos jurídicos referida en la fracción IV del artículo 109 del CFF tiene que ser declarada por un juez competente.

---

93 Álvarez-Alcalá Alil, *op. cit.*, p. 411-416.

94 *Idem.*

Como se puede observar, ante conductas relativamente análogas –simulación de actos jurídicos- nuestra legislación tributaria prevé consecuencias notablemente diferenciadas –liquidación de un crédito fiscal en la Ley del ISR o privación de la libertad en el CFF-, situación que nos orilla a cuestionar si la sanción penal prevista por la fracción IV del artículo 109 del CFF, se determinó considerando elementos de racionalidad como la idoneidad y proporcionalidad del castigo.

Una vez concluido que la divulgación de Operaciones Relevantes puede dar lugar a que las autoridades fiscales consideren que el esquema implementado por el contribuyente configura un delito de defraudación fiscal equiparada, resulta importante analizar si esta situación resulta violatoria del derecho humano a la no autoincriminación regulado por nuestra legislación.

IV.2. EL DERECHO HUMANO A LA NO AUTOINCRIMINACIÓN

El derecho humano a la no autoincriminación (*nemo tenetur se ipsum prodere*[95]) es una manifestación de los derechos constitucionales del debido proceso, y consiste en que no se exija una declaración –ya sea oral o escrita- que exteriorice un contenido de admisión de culpabilidad o de confesión en materia penal[96]. Este principio impone al acusador la carga de abstenerse de cualquier tipo de coacción orientada a la declaración o confesión de culpabilidad por parte del acusado[97].

---

95 Nadie está obligado a declarar en contra de sí mismo.

96 Berruezo, Rafael, *Autoincriminación en el Derecho Penal Tributario*, Centro de Investigación Interdisciplinaria en Derecho Penal Económico, consultado el 2 de noviembre de 2015 en: https://www.unifr.ch/ddp1/derechopenal/articulos/a_20110607_01.pdf, p. 7.

97 Folco, Carlos María, *Apunte sobre Ilícitos Tributarios y el Derecho a la no Autoincriminación Coactiva*, consultado el 28 de octubre de 2015 en: http://biblio.juridicas.unam.mx/libros/4/1723/10.pdf, p. 104.

La finalidad del derecho a la no autoincriminación es "dejar al arbitrio del imputado si declara o si se abstiene de declarar y mejor opta por guardar silencio, pero primordialmente pretende asegurar que no se utilicen medios de coacción que le obliguen a realizar cualquier declaración"[98].

Resulta relevante señalar que en las modernas corrientes procesalistas se conceptúa a la declaración del imputado como un medio de defensa, no de prueba, requiriéndose la presencia de un profesional del derecho en la declaración a efecto de hacer efectivo ese derecho[99].

El problema que surge en el ámbito fiscal es que las autoridades fiscales, en el ejercicio de sus facultades, suelen requerir diversa información, documentación y manifestaciones a los contribuyentes, sin que éstos adviertan que esa información puede ser utilizada como prueba para denunciar un delito de carácter fiscal, configurando una potencial violación del derecho humano a la no autoincriminación.

Por lo que respecta al marco normativo mexicano, el derecho humano a la no autoincriminación se contempla por nuestra legislación federal, la CPEUM y los tratados internacionales ratificados por México.

La fracción III del artículo 113 del Código Nacional de Procedimientos Penales prevé que el imputado tiene el derecho a declarar o guardar silencio, en el entendido de que su silencio no podrá ser utilizado en su perjuicio.

Por su parte, el artículo 20, apartado B, fracción II de la CPEUM establece la siguiente garantía a toda persona imputada en el país:

---

98 Álvarez Acosta, Flora Astrid, *El procedimiento administrativo sancionador y el principio de no autoincriminación*, Tesis Profesional, consultado el 20 de noviembre de 2015 en: http://biblio.upmx.mx/tesis/148443.pdf, p. 200.

99 *Ibidem*, p. 199.

> *"A declarar o guardar silencio. Desde el momento de su detención se le harán saber los motivos de la misma y su derecho a guardar silencio, el cual no podrá ser utilizado en su perjuicio. Queda prohibida y será sancionada por la ley penal, toda incomunicación intimidación o tortura. La confesión rendida sin la asistencia del defensor carecerá de valor probatorio."*

Uno de los elementos que contempla el citado precepto constitucional es el derecho que tiene el imputado a guardar silencio sin que por esto puedan extraerse consecuencias negativas en su contra.

Este derecho se incluyó en la reforma constitucional publicada en el Diario Oficial de la Federación con fecha 3 de septiembre de 1993, a efecto de dejar atrás la práctica nociva de interpretar el silencio del inculpado como autoincriminación tácita bajo la lógica de quien calla esconde.

Lo anterior, desde un punto de vista garantista, implica que "la declaración del imputado no pueda utilizarse en su contra, su dicho debe ser valorado desde una posición adversarial, como un medio de defensa"[100].

Otro elemento que prevé el derecho a la no autoincriminación penal es que la declaración del imputado debe llevarse a cabo en ejercicio de plena libertad, ya que queda prohibida toda incomunicación, intimidación y tortura. Estas prohibiciones no deben ser leídas de manera exhaustiva, puesto que la finalidad es prohibir cualquier medio de coacción que tienda a obligar al imputado a autoincriminarse.

El derecho a la no autoincriminación ha sido regulado de forma análoga por diversos instrumentos internacionales ratificados por nuestro país.

La Convención Interamericana de Derechos Humanos –conocida como el "Pacto San José"-, ratificada por nuestro país el 3 de

---

100 *Ibidem*, p. 201.

febrero de 1981, señala en su artículo 8, numeral 3, que la confesión del inculpado solamente es válida si es hecha sin coacción de ninguna naturaleza.

El Pacto Internacional de los Derechos Civiles y Políticos, ratificado por México el 24 de marzo de 1981, establece en su artículo 14, inciso g), numeral 3, que durante el proceso, toda persona acusada de un delito tendrá derecho a no ser obligada a declarar contra sí misma ni a confesarse culpable.

Como se puede observar, el derecho a la no autoincriminación es un principio aceptado por nuestras leyes federales, nuestra constitución, así como los tratados internacionales celebrados por México en materia de derechos humanos.

Como fue señalado, este principio adquiere particular relevancia en el ámbito fiscal, toda vez que las autoridades fiscales obligan a los contribuyentes a divulgar información que habrá de sustentar, *a posteriori*, la aplicación de sanciones de carácter penal[101]. Esta obligación formal puede ser entendida, en mayor o menor medida, como un medio coactivo para recabar información de los contribuyentes.

El Diccionario de la Real Academia Española define el concepto de "coacción" como el "poder legítimo del derecho para imponer su cumplimiento o prevalecer sobre su infracción". A partir de dicha definición, se puede concluir que la imposición de obligaciones a cargo de los contribuyentes de proporcionar información al SAT, puede considerarse un medio coactivo de requisición de información.

En la doctrina se ha acuñado el concepto de "deber general de colaboración"[102] para señalar que la divulgación de información realizada por los contribuyentes en favor de las autoridades fiscales, se deriva de obligaciones previstas en ley, y no así de actividades voluntarias del contribuyente.

---

101 Folco, Carlos María, *op. cit.*, p. 107.

102 Berruezo, Rafael, *op. cit.*, p.13.

En otras palabras, el "deber general de colaboración" no es facultativo del contribuyente, ya que las obligaciones derivadas de éste se contemplan por diversos instrumentos normativos, previéndose ciertas sanciones por su incumplimiento[103]. En este sentido, los contribuyentes se encuentran obligados a declarar, cuándo así lo prevea una disposición legal.

Carlos María Folco, refiriéndose a López Martínez, reconoce que el "deber de colaboración" es un deber tributario en sentido estricto, que constituye una auténtica prestación personal de carácter público nacida de la ley, que se concreta en un hacer, dar o soportar, y cuyo fundamento se encuentra en el deber constitucional de contribuir al Estado[104] –fracción IV del artículo 31 de la CPEUM-, principio que articula a los demás principios constitucionales en materia tributaria.

Nuestra legislación fiscal prevé diversos deberes formales a cargo de los contribuyentes, tales como la presentación de declaraciones informativas, la entrega de información y documentación en una revisión de gabinete, permitir que las autoridades fiscales practiquen visitas domiciliarias, entre otras, que pueden ser reconducidos a un deber general de colaboración con el SAT.

Esta obligación formal de exhibir documentos, proporcionar datos, rendir declaraciones y, en general, facilitar materiales por parte del obligado tributario al SAT, es de naturaleza coactiva, debido a que existen amenazas de sanción en caso de incumplimiento[105].

Es por esto, que el deber general de colaboración con las autoridades fiscales en México puede colisionar con el derecho humano a la no autoincriminación, considerando que el contribuyente es obligado a declarar información que puede formar parte del

---

103 Folco Carlos, María, *op. cit.*, p. 103.

104 Este deber tributario se prevé en la fracción IV del artículo 31 de la CPEUM.

105 Gallegos Flores, Joaquín, *El deber formal de colaborar con la Administración tributaria y su colisión con los derechos fundamentales de no autoincriminación y presunción de inocencia*, Revista del Instituto de la Judicatura Federal, p. 66.

material probatorio ofrecido por el SAT ante una eventual incriminación penal.

Es relevante señalar que un sector de la doctrina considera que la protección del derecho a la no autoincriminación comienza desde el momento en que se le imputa a una persona la comisión de un delito, por lo que "debe garantizarse desde la averiguación previa que realiza el Ministerio Público, hasta el proceso penal seguido ante los juzgados y tribunales en materia penal, e inclusive, ante cualquier otra autoridad"[106].

Esta posición es una interpretación restringida del derecho humano a la no autoincriminación, ya que excluye cualquier declaración que hubiese sido obtenida coactivamente por las autoridades fiscales con anterioridad al proceso penal; sin considerar, que dicha declaración puede constituir un elemento probatorio que autoincrimine a los contribuyentes en un juicio.

Considerando lo anterior, resulta necesario analizar los métodos interpretativos que, en materia de derechos humanos, resultan obligatorios para cualquier autoridad en México, a efecto de determinar si el derecho humano a la no autoincriminación admite una interpretación extensiva que incluya cualquier declaración efectuada por los contribuyentes que pudiera resultar autoincriminatoria.

IV.3. REFORMA CONSTITUCIONAL EN MATERIA DE DERECHOS HUMANOS

El 10 de junio de 2011 fue publicada en el Diario Oficial de la Federación el "Decreto por el que se modifica la denominación del Capítulo I del Título Primero y reforma diversos artículos de la Constitución Política de los Estados Unidos Mexicanos", conocida como la reforma constitucional en materia de derechos humanos.

---

106 Álvarez Acosta, Flora Astrid, *op. cit.*, p. 208.

Esta reforma introduce múltiples adecuaciones en materia de derechos humanos; sin embargo, para efectos del presente análisis, resulta necesario enfocarnos a las modificaciones efectuadas al artículo 1° de la CPEUM.

IV.3.1. Constitucionalización del Derecho Internacional

El primer párrafo del artículo 1° de la CPEUM se modificó con objeto de señalar que en nuestro país todas las personas gozarán de los derechos humanos reconocidos en la constitución y en los tratados internacionales de los que el Estado Mexicano sea parte, así como de las garantías para su protección, cuyo ejercicio no podrá restringirse ni suspenderse, salvo en los casos y bajo las condiciones que la constitución prevea.

Esta modificación tiene como objetivo otorgar jerarquía constitucional a los tratados internacionales en materia de derechos humanos.

De acuerdo con Eduardo Ferrer Mac-Gregor[107], la incorporación de los derechos humanos de fuente internacional al catálogo de derechos fundamentales en las constituciones nacionales, puede constituir parte de un "bloque de constitucionalidad", sirviendo como parámetro de control de la constitucionalidad de las leyes y demás actos que violen dichos derechos.

IV.3.2. Interpretación pro homine

Se adiciona un segundo párrafo al artículo 1° de la CPEUM a efecto de establecer que las normas relativas a los derechos humanos se interpretarán de conformidad con la CPEUM y con

---

107 Ferrer Mac-Gregor, Eduardo, "*Interpretación conforme y control difuso de convencionalidad*", consultado el 12 de noviembre de 2015 en: http://www.corteidh.or.cr/tablas/r27769.pdf, p. 360.

los tratados internacionales de la materia favoreciendo en todo tiempo a las personas la protección más amplia.

Del párrafo anterior surge el principio de interpretación denominado *pro homine*. Este principio consiste en ponderar el peso de los derechos, a efecto de estar siempre a favor del hombre, lo que implica que debe acudirse a la norma más amplia o a la interpretación más extensiva cuando se trate de derechos protegidos y, por el contrario, a la norma o interpretación más restringida, cuando se trate de establecer límites a su ejercicio, situación que ha sido corroborada en tesis emitidas por el Poder Judicial de la Federación[108].

En ese contexto, en la doctrina se ha considerado que el principio *pro homine* tiene dos variantes[109]:

a) Directriz de preferencia interpretativa, por la cual se debe buscar la interpretación que optimice más un derecho constitucional. Esta variante a su vez se compone de:

I. Principio *favor libertartis*: que postula la necesidad de entender el precepto normativo en el sentido más propicio a la libertad en juicio, mismo que admite una doble vertiente:

1. Las limitaciones que mediante ley se establezcan a los derechos humanos no deberán ser interpretadas extensivamente, sino de modo restrictivo; y,

2. Se debe interpretar la norma que optimice su ejercicio.

II. Principio de protección a víctimas (*favor debilis*): referente a que en la interpretación de situaciones que comprometen derechos en conflicto, es menester considerar especialmente a la parte situada en inferioridad de con-

---

108 "Semanario Judicial de la Federación, 10a. Época; T.C.C.; Gaceta S.J.F.; Libro 1, Diciembre de 2013; Tomo II; Pág. 1211. I.4o.A.20 K (10a.).

109 *Idem.*

diciones, cuando las partes no se encuentran en un plano de igualdad.

b) Directriz de preferencia de norma: la cual prevé que el Juez aplicará la norma más favorable a la persona, con independencia de la jerarquía formal de aquella.

Eduardo Ferrer señala diversas características y consecuencias que se desprenden del principio de interpretación *pro homine*; entre las cuales, resulta relevante señalar las siguientes[110]:

a. **Los destinatarios**. Son todos los intérpretes de las normas en materia de derechos humanos, sean autoridades o particulares. Todas las autoridades de México, dentro de sus competencias, tienen que seguir este criterio interpretativo; particularmente, señala que la administración pública deberá ajustar su actuación conforme a la nueva pauta interpretativa de derechos humanos, especialmente cuando se trate de restricción de estos

b. **Es obligatoria**. En todo caso que se involucre normas de derechos humanos, lo que implica que es un mandato constitucional "no disponible" por el intérprete.

c. **El objeto no es restringido**. Esta interpretación no se debe restringir a los derechos humanos de rango constitucional, sino a cualquier derecho humano previsto por nuestro sistema normativo mexicano, con independencia de la naturaleza legal del ordenamiento, de su título, la ubicación del derecho, etc.

d. **Criterios de órganos internacionales**. La expresión de Tratados Internacionales debe comprender la interpretación que establezcan los órganos que el propio tratado autoriza para su interpretación. Con mayor razón, si existen órganos jurisdiccionales cuya misión es la aplicación e

---

110 Ferrer Mac-Gregor, Eduardo, *op. cit.*, pp. 363-368.

interpretación del tratado, como por ejemplo, la Corte Interamericana de Derechos Humanos.

Considerando lo anterior, en estricta observancia al segundo párrafo del artículo 1° de la CPEUM, cualquier disposición normativa, incluyendo las tributarias, deben ser interpretadas por el SAT procurando favorecer en todo tiempo a las personas con la protección más amplia, en función a los derechos humanos previstos en el sistema jurídico mexicano.

IV.3.3. Las obligaciones del Estado

Finalmente, se incluye un tercer párrafo al citado artículo 1° que señala que todas las autoridades, en el ámbito de sus competencias, tienen la obligación de promover, respetar, proteger y garantizar los derechos humanos de conformidad con los principios de universalidad, interdependencia, indivisibilidad y progresividad. En consecuencia, el Estado deberá prevenir, investigar, sancionar y reparar las violaciones a los derechos humanos, en los términos que establezca la ley.

De acuerdo con Miguel Carbonell, como consecuencia de la adición del tercer párrafo del artículo 1° de la CPEUM, "las autoridades de todos los niveles no solamente deben respetar los derechos mediante conductas de abstención, sino que deben de hacer todo lo que esté a su alcance para lograr la eficacia plena de los derechos, sin poder esgrimir ningún tipo de estructuración competencial (salvo el caso en que un precepto constitucional así lo establezca de forma clara y contundente) para dejar de tomar medidas en favor de los derechos" [111].

Del breve análisis a la reforma del artículo 1° de la CPEUM, en materia de derechos humanos, se puede concluir lo siguiente:

---

111 Carbonell, Miguel, *Las obligaciones del Estado en el Artículo 1°*, Biblioteca Jurídica Virtual del Instituto de Investigaciones Jurídicas de la UNAM.

1. El primer párrafo otorga jerarquía constitucional a los derechos internacionales, situación por la cual el derecho humano a la no autoincriminación previsto por la Convención Interamericana de Derechos Humanos y el Pacto Internacional de los Derechos Civiles y Políticos, ratificados por México, se deben considerar en el mismo nivel jerárquico que la constitución.

2. El segundo párrafo señala que las normas relativas a los derechos humanos se deberán interpretar de conformidad con la CPEUM y con los tratados internacionales de la materia favoreciendo en todo tiempo a las personas la protección más amplia, criterio de interpretación identificado bajo la locución latina de *pro homine.*

   Bajo la variante de directriz de preferencia interpretativa –que busca la interpretación que optimice más un derecho constitucional-, se puede optimizar el derecho humano a la no autoincriminación previsto por el artículo 20, apartado B, fracción II de la CPEUM, y por los tratados internacionales antes señalados, a efecto de incluir aquellas declaraciones coactivas e incriminatorias requeridas por las autoridades con anterioridad a la imputación de un delito. Esta interpretación es compartida por la Primera Sala de la SCJN, en los términos que serán detallados en el siguiente apartado.

   Todas las autoridades de México, en el ámbito de sus competencias, tienen que seguir este criterio interpretativo; particularmente, el SAT deberá ajustar su actuación conforme a la nueva pauta interpretativa de derechos humanos, especialmente cuando se trate de la restricción de dichos derechos.

3. El tercer párrafo obliga a las autoridades, en el ámbito de sus competencias, a promover, respetar, proteger y garantizar los derechos humanos de conformidad con los principios de universalidad, interdependencia, indivisibilidad y progresividad. En consecuencia, el Estado deberá prevenir,

> investigar, sancionar y reparar las violaciones a los derechos humanos, en los términos que establezca la ley.
>
> Las autoridades fiscales en México deberán realizar sus mejores esfuerzos para hacer efectivos los derechos humanos contemplados por nuestra legislación. Esta obligación podría incluir diseñar esquemas de divulgación que no resulten, de manera directa o indirecta, incriminatorios para los contribuyentes.

Considerando lo anterior, existen elementos constitucionales para determinar que, bajo una interpretación *pro homine* del derecho humano a la no autoincriminación, la revisión de cualquier Operación Relevante que sea divulgada por los contribuyentes, no deberá generar consecuencias de carácter penal, sino únicamente la liquidación del crédito fiscal correspondiente, ya que es el propio contribuyente quien declara de buena fe la información requerida por la Forma Oficial No. 76; de otra manera, el SAT violaría el derecho humano a la no autoincriminación.

Más adelante será detallado de qué manera se debe instrumentar la conclusión señalada en el párrafo anterior, a efecto de brindar mayor seguridad jurídica a los contribuyentes, así como los beneficios que esta postura genera en materia de recaudación.

IV.4. CRITERIOS JURISDICCIONALES EN MÉXICO

La Primera Sala de la SCJN emitió una tesis aislada en la que resolvió que el requerir información mediante una visita domiciliaria prevista por el CFF, al amparo del artículo 16 de la CPEUM, no viola el derecho fundamental de la no autoincriminación.

Considerando que es la única resolución jurisdiccional en la que existe un pronunciamiento expreso del tema en estudio, a continuación se transcribe la tesis aislada correspondiente[112]:

> **"VISITAS DOMICILIARIAS. LOS ARTÍCULOS 42, PRIMER PÁRRAFO, FRACCIÓN III Y 45, PRIMER PÁRRAFO, DEL CÓDIGO FISCAL DE LA FEDERACIÓN, VIGENTES EN 2010, NO VIOLAN EL DERECHO FUNDAMENTAL DE NO AUTOINCRIMINACIÓN.**
>
> La atribución de la autoridad administrativa, contenida en los citados preceptos, de exigir la exhibición de los papeles indispensables para comprobar el acatamiento de las disposiciones fiscales, así como la participación de los contribuyentes en mantener y aportar la contabilidad y demás papeles que acrediten el cumplimiento de las disposiciones fiscales en una visita domiciliaria, no se ejerce en un procedimiento que en su naturaleza pudiera llegar a resultar autoincriminatorio, al derivar del ejercicio de facultades constitucionales que consigna el antepenúltimo párrafo del artículo 16 de la Constitución Política de los Estados Unidos Mexicanos, en favor de esas autoridades para comprobar que se han acatado las disposiciones fiscales. Por ello, los artículos 42, primer párrafo, fracción III y 45, primer párrafo, del Código Fiscal de la Federación, vigentes en 2010, no violan el derecho fundamental de no autoincriminación establecido en el artículo 20, apartado B, fracción II, constitucional, pues si bien ese derecho protege la facultad del individuo a no hacer manifestaciones, no decir o no hacer declaraciones verbales o escritas que lo pudieren incriminar, ello no implica que pudiera negarse a presentar los documentos exigidos en una visita domiciliaria, en razón de la legitimación y fundamento constitucional de la facultad de comprobación de obligaciones fiscales con que cuentan las autoridades administrativas, contenida en el antepenúltimo párrafo del indicado numeral 16 constitucional, relacionada con la obligación de todos los mexicanos de contribuir para los gastos públicos en términos del artículo 31, fracción IV, de la Constitución General de la República."
>
> (Énfasis añadido)

---

112 *Semanario Judicial de la Federación*, 10a. Época; 1a. Sala; S.J.F. y su Gaceta; Libro IV, Enero de 2012; Tomo 3; Pág. 2927. 1a. XVII/2011 (10a.).

En el cuerpo de la sentencia se reconoce que es criterio de la Primera Sala de la SCJN que el derecho fundamental de la no autoincriminación no es exclusivo de la materia penal.

Al respecto, se reconoce que "el derecho a no autoinculparse, si bien tiene su máxima expresión y más alto alcance de protección dentro de procedimientos penales (averiguación previa y proceso penal), en tanto es en ellos en donde se está tratando de acreditar por parte del Estado la responsabilidad del individuo en la comisión de un delito, lo cierto es que éste cuenta con radio de protección que va más allá de estos procedimientos y de estas autoridades".

Se continúa señalando que, "por mandato constitucional, toda confesión que haga el individuo de su participación en un delito, ante una autoridad que no sea el Ministerio Público o el Juez de la causa, será invalida, y no podrá tener valor probatorio alguno, por lo que es claro que este derecho cuenta con un radio de protección que veda la posibilidad de dar valor probatorio a las declaraciones que realiza el individuo ante cualquier autoridad sobre una participación en hechos delictivos".

La Primera Sala de la SCJN considera que las facultades de realizar visitas domiciliarias reguladas por los artículos 42, fracción III, y 45 del CFF, no resultan violatorias del derecho humano a la no autoincriminación, dado que éstas derivan de las facultades constitucionales previstas por el artículo 16 de la CPEUM, mismas que fungen como reflejo del mandato constitucional contenido en la fracción IV del artículo 31 de la CPEUM, consistente en la obligación de contribuir al gasto público.

En otras palabras, a juicio de la SCJN las facultades constitucionales previstas por el artículo 16 de la CPEUM (visitas domiciliarias), limitan el alcance del derecho humano a la no autoincriminación previsto por el artículo 20, apartado B, fracción II del citado ordenamiento.

La línea argumentativa efectuada por la Primera Sala de la SCJN no resulta aplicable para el caso en estudio, por los siguientes motivos.

En primer lugar, el artículo 16 de la CPEUM confiere facultades constitucionales al SAT únicamente para practicar visitas domiciliarias con objeto de cerciorar el debido cumplimiento de las obligaciones fiscales de los contribuyentes, sin señalar expresamente que dicha facultad resulte aplicable a cualquier otro acto de fiscalización.

En segundo lugar, el artículo 1° de la CPEUM establece que las disposiciones legales que limiten la aplicación de los derechos humanos contemplados por nuestra legislación deberán ser interpretadas de manera restrictiva.

Si bien es cierto que cuando en la constitución haya una restricción expresa al ejercicio de derechos humanos, se deberá estar a lo que indica la norma constitucional, también lo es que dicha restricción no deberá ser interpretada de manera extensiva de conformidad con el artículo 1° de la CPEUM.

En este sentido, el artículo 16 de la CPEUM no debe interpretarse en un sentido amplio, a efecto de incluir cualquier acto realizado por las autoridades fiscales encaminado a verificar el cumplimiento de obligaciones tributarias; por el contrario, se debe efectuar una interpretación restrictiva de dicho precepto constitucional, considerando que el mismo limita la aplicación del derecho humano a la no autoincriminación.

Por lo anterior, la obligación de divulgar Operaciones Relevantes contemplada en el artículo 31-A del CFF puede resultar violatoria del derecho humano a la no autoincriminación, ya que no existe una facultad constitucional expresa que faculte al SAT a requerir información de posibles esquemas de elusión fiscal.

IV.5. UNA POSIBLE SOLUCIÓN DE EQUILIBRIO

Una vez concluido que nuestro "régimen de divulgación obligatoria" puede resultar violatorio del derecho humano a la no autoincriminación, es menester encontrar medidas que coadyuven a la preservación del derecho referido, sin llegar al extremo de omitir totalmente el cumplimiento de deberes formales a cargo de los contribuyentes en México.

La presente obra no busca descartar la obligación de divulgar Operaciones Relevantes contenida en el artículo 31-A del CFF, ya que la eficacia de dicho "régimen de divulgación obligatoria" puede lograr eficientar los costos de fiscalización y mejorar la recaudación tributaria en nuestro país.

Sin embargo, el esquema divulgación obligatoria en estudio deberá diseñarse de forma armónica con el derecho humano a la no autoincriminación. Este diseño armónico no es deseable únicamente desde una perspectiva garantista, sino también para lograr que el "régimen de divulgación obligatoria" resulte eficaz en México.

En la práctica, los contribuyentes han tomado la postura de no presentar la Forma Oficial No. 76, debido a que desconocen las consecuencias que se pueden derivar a su cargo. Una de las cuestiones que más preocupa es la posibilidad de que la información divulgada, de manera indirecta, de lugar a una eventual incriminación penal por parte del SAT.

Existe una postura doctrinal que considera que el hecho de que la información entregada a las autoridades fiscales de manera coactiva puede resultar autoincriminatoria en un proceso penal, justifica una reforma normativa que permita al contribuyente a negarse a colaborar con el requerimiento de información, quedando resguardado su derecho humano a la no autoincriminación.[113]

---

113 Sanz Díaz-Palacios, J. Alberto, *Derecho a no autoinculparse y delitos contra la Hacienda-Pública*, Madrid, Colex, 2004, p. 46.

Esta postura no es idónea ya que permite que los contribuyentes arbitrariamente decidan cuándo colaborar con las administraciones fiscales, situación que resulta desproporcional y en contravención con la obligación de contribuir al gasto público prevista por la fracción IV del artículo 31 de la CPEUM.

De acuerdo con el Doctor Sainz Díaz-Palacios es más acertado mantener la configuración del deber de colaborar con las administraciones fiscales, y negar la posibilidad de imputar una sanción penal como consecuencia de las declaraciones autoinculpatorias realizadas coactivamente. Esta propuesta de equilibrio resulta más acertada, y es similar a la simulación de actos jurídicos prevista por el artículo 177 de la Ley del ISR, la cual únicamente prevé consecuencias de carácter fiscal.

Considerando lo anterior, resulta conveniente efectuar una reforma constitucional en la que se establezca que el derecho humano a la no autoincriminación no debe limitarse a los procedimientos de naturaleza penal, sino que su radio de protección va más allá de estos procedimientos y de las autoridades penales (Ministerio Público y Juez de la causa).

Adicionalmente, se deberá modificar el artículo 31-A del CFF, a efecto de señalar que ante una eventual revisión de las Operaciones Relevantes divulgadas, el SAT únicamente estará facultado a liquidar el crédito fiscal que resulte aplicable; de esta manera, no se generará un perjuicio económico a cargo de la Hacienda Pública y se protegerá el derecho humano a la no autoincriminación de los contribuyentes.

Hasta en tanto no se efectúe la reforma constitucional y legal referida, resulta recomendable que el SAT, en el ámbito de su competencia, interprete el derecho humano a la no autoincriminación bajo una interpretación *pro homine*, y únicamente sancione fiscalmente a los contribuyentes mediante la liquidación del crédito fiscal que, en su caso, se llegue a determinar a su cargo.

Esta interpretación podría incorporarse expresamente en una regla de la RMF, o bien, en un criterio normativo, a efecto de brindar mayor certeza jurídica a los contribuyentes y fomentar el cumplimiento de la obligación prevista en la Forma Oficial No. 76, ya que se eliminaría el temor –que actualmente radica en los contribuyentes- de que existan consecuencias penales con motivo de la divulgación de las Operaciones Relevantes conducentes.

Conclusiones

En la presente obra se confirman las hipótesis planteadas. Se prueba que la incorporación de la "regla de divulgación obligatoria" del artículo 31-A del CFF no atendió a las recomendaciones estructurales, principios y objetivos referidos por la OCDE a través de la Acción 12 de BEPS, esta situación se ha derivado en la ineficacia del régimen de divulgación en cuestión, por lo que no se lograrán eficientar los costos de recaudación en México. Si bien algunas de las recomendaciones efectuadas por el organismo internacional referido deben ser analizadas bajo una perspectiva de viabilidad jurídica, lo cierto es que la efectividad de dichas recomendaciones ha sido comprobada por diversos países miembros de la OCDE.

Resulta una decisión irresponsable del Gobierno Federal señalar en la Exposición de Motivos de la Reforma Hacendaria para 2014, que diversas modificaciones propuestas a través de dicha reforma, se realizaron a efecto de atender el Plan de Acción de BEPS, cuando la discusión pública de las acciones conducentes, comenzaron 3 meses después de haber entrado en vigor la reforma en comento. De esta manera resulta inevitable cuestionar qué beneficios le genera a México pertenecer a organismos internacionales como la OCDE, cuando las recomendaciones que realizan en beneficio de sus miembros pasan inadvertidas en nuestra legislación.

En cuanto a la compatibilidad del "régimen de divulgación obligatoria" con el derecho humano a la no autoincriminación, se comprueba que el régimen en estudio puede resultar violatorio del derecho humano a la no autoincriminación previsto por nuestra legislación federal, la constitución mexicana y los tratados internacionales ratificados por México en la materia.

A partir de la reforma constitucional en materia de derechos humanos, nuestras autoridades tributarias deben proponer adiciones a la legislación fiscal que resulten armónicas con los citados derechos. Los derechos humanos de ninguna manera constituyen una barrera insuperable para los actos de fiscalización de un Estado, por el contrario, brindan seguridad jurídica a los contribuyentes a efecto de cumplir debidamente con sus obligaciones fiscales.

La conclusión anterior se confirma en el caso en estudio, debido a que la obligación de divulgar Operaciones Relevantes no suele ser cumplida en la práctica, ya que los contribuyentes consideran que el cumplimiento de dicha obligación los colocará en un evidente estado de incertidumbre jurídica, puesto que resulta imposible responder a la pregunta que de manera reiterada efectúan: ¿Qué pretende hacer la autoridad fiscal con la información que divulgue?

Si la legislación de un "régimen de divulgación obligatoria" no permite que los obligados conozcan las consecuencias jurídicas de su cumplimiento, es evidente que resulta necesaria una reforma a efecto de brindar seguridad jurídica a los sujetos vinculados por el régimen en cuestión. Esta situación hubiera sido observada por las autoridades fiscales en México con mayor claridad, de haber atendido a las recomendaciones previstas por el reporte final de la Acción 12 de BEPS –que incluye un apartado expreso de consecuencias de cumplimiento- previo a la incorporación del artículo 31-A del CFF.

Esta situación confirma una verdad de Perogrullo, que los intereses políticos se sobreponen a los intereses de la sociedad civil en México, ya que resultó más importante lograr un paquete expedito de reformas "estructurales" en 2014, que realizar reformas legislativas que contemplen un análisis serio y crítico de las modificaciones que se pretenden efectuar, sin importar que el proceso legislativo sea ligeramente más retardado.

Finalmente, en atención a la complejidad de las operaciones que acontecen en el ámbito productivo de nuestro país, resulta importante que la viabilidad de los nuevos esquemas de fiscalización se analice integralmente en materia económica, contable y jurídica, ya que el "régimen de divulgación obligatoria" del artículo 31-A del CFF: i) no establece una estructura de incentivos de cumplimiento adecuada bajo una perspectiva económica, por lo que no se logra un efecto de disuasión (Modelo de Disuasión Tributaria); ii) al no existir incentivos adecuados de cumplimiento, no se lograrán eficientar los costos de fiscalización desde una perspectiva contable; y, iii) puede resultar violatorio de los derechos humanos previstos por nuestra legislación.

Bibliografía

Arrioja Vizcaíno, Adolfo, *Derecho fiscal*, 20ª ed., Themis, México, 2008.

Aguiló Regla, Josep, *Sobre las Contradicciones (Tensiones) del Constitucionalismo y las Concepciones de la Constitución*, Jurídicas, Vol. 5, No.1, 2008.

Álvarez-Alcalá, Alil, *Lecciones de Derecho Fiscal*, Segunda Edición, Oxford Univesity Press, México, 2015.

Álvarez Acosta Flora, Astrid, *El procedimiento administrativo sancionador y el principio de no autoincriminación*, Tesis Profesional, consultado el 20 de noviembre de 2015 en: http://biblio.upmx.mx/tesis/148443.pdf

Berruezo, Rafael, *Autoincriminación en el Derecho Penal Tributario*, Centro de Investigación Interdisciplinaria en Derecho Penal Económico, consultado el 2 de noviembre de 2015 en: https://www.unifr.ch/ddp1/derechopenal/articulos/a_20110607_01.pdf

Blanchard, Olivier, *Macroeconomía*, Editorial Pearson, 5ª Edición, 2012, España.

Canada Revenue Agency, *Tax Shelters*, consultado el 15 de octubre en: http://www.cra-arc.gc.ca/gncy/lrt/vshlt-eng.html

Carbonell, Miguel, *Las obligaciones del Estado en el Artículo 1°*, Biblioteca Jurídica Virtual del Instituto de Investigaciones Jurídicas de la UNAM.

Comisión de Análisis y Difusión de las Normas Financieras, *Postulados Básicos*, consultado el 25 de agosto de 2015 en: http://www.ccpm.org.mx/avisos/boletines/boletincontable25.pdf

Charity Law Information Program, *What is an abusive gifting tax shelter*?, consultado el 15 de octubre de 2015 en: http://www.smartgiving.ca/charity-scams/abusive-canadian-charity-tax-shelter-schemes/what-is-an-abusive-gifting-tax-shelter

De Anda Turati, José Antonio, *Criterios No Vinculativos*, Fisco Actualidades, Instituto Mexicano de Contadores Públicos.

Deloitte, *Taxation and Investment in Netherlands*, Consultado el 27 de noviembre de 2014 en: https://www2.deloitte.com/content/dam/Deloitte/global/Documents/Tax/dttl-tax-netherlandsguide-2015.pdf

Doran, Michael, *Tax Penalties and Compliance*, George Town University Law Center, 2009.

Ferrer Mac-Gregor, Eduardo, *Interpretación conforme y control difuso de convencionalidad*, consultado el 12 de noviembre de 2015 en: http://www.corteidh.or.cr/tablas/r27769.pdf

Folco, Carlos María, *Apunte sobre Ilícitos Tributarios y el Derecho a la no Autoincriminación Coactiva,* consultado el 28 de octubre de 2015 en: http://biblio.juridicas.unam.mx/libros/4/1723/10.pdf

Gallegos Flores, Joaquín, *El deber formal de colaborar con la Administración tributaria y su colisión con los derechos fundamentales de no autoincriminación y presunción de inocencia,* Revista del Instituto de la Judicatura Federal.

Informe de "*Estadísticas Tributarias*", consultado el 10 de septiembre de 2015 en: http://www.oecd.org/centrodemexico/estadisticas/

Instituto de Contadores Públicos, *Normas de Información Financiera (NIF 2014),* IMCP (Instituto de Contadores Públicos), México, 2014.

Instituto de Investigaciones Jurídicas, *Diccionario Jurídico Mexicano,* Editorial Porrúa, S.A., México 2005.

OECD/The International and Ibero-American Foundation for Administration and Public Policies (FIIAP) (2015), *Fomentando la cultura tributaria, el cumplimiento fiscal y la ciudadanía: Guía sobre educación tributaria en el mundo,* OECD Publishing Paris.

http://dx.doi.org./10.1787/9789264222786-es

OCDE (2013), *Lucha contra la erosión de la base imponible y el traslado de beneficios,* Éditions OCDE.

http://dx.doi.org/10.1787/9789264201224-es

OECD (2013), *Plan de acción contra la base imponible y el traslado de beneficios,* OECD Publishing.

http://dx.doi.org/10.1787/9789264207813

Olaf Weber, Till, *Behavioural Economics and Taxation,* Working paper N.41-2014, Publication Office of the European Union, 2014.

Licona Vite, Cecilia, *Estudio sobre la Evasión y Elusión Fiscales en México,* Centro de Estudios de Derecho e Investigación Parlamentaria, México, Marzo 2007.

Glosario de Términos Fiscales de la OCDE, consultado el 20 de agosto de 2015 en: www.oecd.org/ctp/glossaryoftaxterms.htm

Sanz Díaz-Palacios, J. Alberto, *Derecho a no autoinculparse y delitos contra la Hacienda-Pública,* Madrid, Colex, 2004.

Yanome Yesaki, Mauricio, *Compendio de Derecho Fiscal,* Ediciones Lazcano Lozano, México, 2002.

Legislación y Regulación Consultada

México, Código Fiscal de la Federación, *Diario Oficial de la Federación,* 31 de diciembre de 1981.

México, Ley del Impuesto sobre la Renta, *Diario Oficial de la Federación,* 11 de diciembre de 2013.

México, Resolución Miscelánea Fiscal para 2015, *Diario Oficial de la Federación,* 30 de diciembre de 2014.

México, Constitución Política de los Estados Unidos Mexicanos, *Diario Oficial de la Federación,* 5 de febrero de 1917.

Jurisprudencias y Tesis aisladas

Semanario Judicial de la Federación, 10a. Época; 1a. Sala; S.J.F. y su Gaceta; Libro I, Octubre de 2011; Tomo 2; Pág. 1099. 1a. CLXXXV/2011 (9a.).

Semanario Judicial de la Federación, 10a. Época; T.C.C.; Gaceta S.J.F.; Libro 1, Diciembre de 2013; Tomo II; Pág. 1211. I.4o.A.20 K (10a.).

Semanario Judicial de la Federación, 9a. Época; T.C.C.; S.J.F. y su Gaceta; Tomo XXI, Enero de 2005; Pág. 1566. V.4o. J/1.

Semanario Judicial de la Federación, 9a. Época; Pleno; S.J.F. y su Gaceta; Tomo XII, Septiembre de 2000; Pág. 6. P./J. 92/2000.

Semanario Judicial de la Federación, 8a. Época; T.C.C.; S.J.F.; Tomo XII, Agosto de 1993; Pág. 572. XVI.2o.25 C.

Semanario Judicial de la Federación, 10a. Época; 1a. Sala; S.J.F. y su Gaceta; Libro IV, Enero de 2012; Tomo 3; Pág. 2927. 1a. XVII/2011 (10a.).